Das Selbstbestimmungsrecht in Ehe und Liebe

Zur Reform der Ehescheidung

Von

Dr. jur. et rer. pol. **Otto Marx**
Rechtsanwalt in Heidelberg

BONN 1920
A. Marcus & E. Webers Verlag (Dr. jur. Albert Ahn)

Druck: Otto Wigand'sche Buchdruckerei G. m. b. H., Leipzig.

I.

Die Ehe verpflichtet zwei Menschen verschiedenen Geschlechtes zu gegenseitiger dauernder Lebensgemeinschaft. Sie ist ein Vertrag, durch den in einem gewissen Zeitpunkte zwei Wesen vornehmlich geloben, von Stund an und in alle Zukunft die Befriedigung ihrer geschlechtlichen Bedürfnisse ausschließlich beim Vertragsgegner zu suchen (Monopol) und ihm in deren Befriedigung selbst nach Möglichkeit beizustehen, schließt aber weitergehend eine sehr weitgehende Gemeinschaft in wirtschaftlicher, gesellschaftlicher und geistiger Beziehung in sich.

Durch die Eheschließung verspricht der Heiratende seinem Vertragsgegner in geschlechtlicher Hinsicht ein Tun und ein Unterlassen, ihm Geschlechtsliebe zu erzeigen, als ein Tun, aber sonst keinem Wesen des anderen Geschlechtes, als ein Unterlassen. Jene bedeutet also unbedingte zeitlich und örtlich unbeschränkte Hingebung und Treue. Oder vielmehr deren Versprechen!

Ein Mensch verfügt somit in der Gegenwart über sich selbst für alle Zukunft. Er begibt sich in weitgehende, dauernde Abhängigkeit von einem anderen Menschen. Dieses Rechtsverhältnis ist grundsätzlich unauflöslich. Es kommt hierbei weder in Betracht, daß der zu allem entschlossene Ehegatte, wenn er den Schimpf der Nebenmenschen nicht scheut, sich seiner Pflicht tatsächlich entziehen, wie auch, daß er unter Umständen sich scheiden lassen kann, sondern es ist hier vorzüglich die ungeheure und ungeheuerliche Tatsache ins Auge zu fassen, daß grundsätzlich ein Vertrag zulässig, ja vom Gesetze begünstigt (privilegiert) ist, durch den sich eine natürliche Person einer anderen auf Lebenszeit versklavt.

Wenn ich einen Vertrag abschließe, durch den ich mich verpflichte, meinem Nachbarn am 1. November dieses Jahres 100 Zentner Kartoffeln zu liefern, so ist dies eine Verpflichtung, bezüglich deren das Ermessen, ob ich die Verantwortung dafür übernehmen kann, füglich mir anheim gestellt sein darf. Wenn ich aber heute verspreche, daß ich in 20 Jahren eine bestimmte Frau noch lieben werde und keine sonst, so verspreche ich etwas, wofür ich nicht einstehen kann. Die Ethik gebietet indes, nur das zu versprechen, was man auch sicher halten kann. Wenn ich etwas als gewiß verspreche, was im Ungewissen steht, so muß mir dabei zum Bewußtsein kommen, daß ich möglicherweise lüge (dolus eventualis). Kein Gesetz dürfte aber ein unter Umständen lügenhaftes Versprechen verlangen, wenn zwei Menschen einander jetzt lieben und zusammen leben wollen.

Ich spreche von der gegenseitigen Zuneigung. Sie ist eine innere Empfindung, und man hat bisher noch nie gehört, daß Gesinnungen und Neigungen von Verträgen erfaßt werden können. Die jungen Leute, die einander gern haben, sind sich zwar ihrer gegenwärtigen Liebe gewiß; aber wie können sie versprechen, daß sie in der Zukunft noch Neigung für einander empfinden werden? Schwindet aber nach Verlauf von Jahren die Neigung zueinander, was soll dann geschehen? Denken wir an den Fall, daß beiderseitige Abneigung besteht. Die Gatten wollen sich trennen. Das Gesetz versagt ihnen die Scheidung. Warum?

Die „Motive" zum Bürgerlichen Gesetzbuche sagen:

„Der christlichen Gesamtanschauung des deutschen Volkes entsprechend geht der Entwurf (das heißt: der „Entwurf eines Bürgerlichen Gesetzbuches für das Deutsche Reich", die Grundlage des Bürgerlichen Gesetzbuches) davon aus, daß im Eherechte, auch soviel die Auflösung der Ehe vor dem Tode eines der Ehegatten betrifft, nicht das Prinzip der individuellen Freiheit herrschen darf, sondern die Ehe als eine von dem Willen der Ehegatten unabhängige sittliche und rechtliche Ordnung anzusehen ist."

Ferner:

„Bei der Scheidung auf Grund gegenseitiger Einwilligung tritt die Willkür der Ehegatten als Grund der Scheidung hervor. Es liegt deshalb die Gefahr nahe, daß im Volke diese Willkür als der wahre Grund der Scheidung angesehen und dadurch das Ansehen und die Würde der Ehe, die Auffassung der letzteren als einer auch rechtlich über dem Willen der Ehegatten stehenden, höheren objektiven Zwecken dienenden Institution im Bewußtsein des Volkes gelockert wird."

Wenig habe ich zu dieser altertümlichen Auffassung zu bemerken. Ich frage nur: Cui bono? Und denk' an das Wort in Goethes „Braut von Korinth": „Opfer fallen hier, weder Lamm noch Stier, aber Menschenopfer unerhört."

Übrigens welche Lächerlichkeit! Wenn sich zweie nicht mehr mögen und von Gesetzes wegen nicht geschieden werden können, werden sie so verständig sein, sich tatsächlich zu trennen, woran sie kein Mensch verhindern kann. Wird dann, wenn sie voneinander getrennt leben und jedes von ihnen Liebesverhältnisse anknüpft, wie sie ihm gerade in den Sinn kommen, „dem Ansehen und der Würde der Ehe" mehr gedient als bei reinlicher Scheidung? Ich frage, ob durch Anblick zweier Ehebrecher die „sittliche Ordnung" nicht mehr Schaden erleidet, als wenn man die vom gesunden Gefühle gebotene Scheidung ermöglichte. Vielleicht könnten dann die unglücklichen Ehegatten in einer neuen Ehe (wenn doch schon einmal geheiratet werden soll) glücklich werden.

Ja, die „sittliche Ordnung" der Ehe! Wir haben in unserem Bürgerlichen Gesetzbuche unter anderem einen Paragraphen, der notwendigerweise Kopfschütteln erregt (man hat mir überhaupt gesagt, die Lektüre des Bürgerlichen Gesetzbuches sei das beste Mittel gegen einen steifen Hals). Es ist der berühmte § 1312, „der da" lautet:

„Eine Ehe darf nicht geschlossen werden zwischen einem wegen Ehebruchs geschiedenen Ehegatten und demjenigen, mit welchem der geschiedene Ehegatte den Ehebruch begangen hat, wenn dieser Ehebruch in dem Scheidungsurteil als Grund der Scheidung festgestellt ist.

Von dieser Vorschrift kann Befreiung bewilligt werden."

Wie begründeten nun die „Motive" zum Bürgerlichen Gesetzbuche die Aufnahme dieser Bestimmung?

„Wenngleich für die gänzliche Beseitigung des Eheverbotes wegen Ehebruches erhebliche Gründe angeführt werden können, so hat der Entwurf doch mit Rücksicht auf das bestehende Reichsrecht (§ 33 Nr. 5 des Reichsgesetzes vom 6. Februar 1875) Anstand genommen, das hier fragliche Eheverbot zu übergehen."

„Motive" heißt auf deutsch „Beweggründe". Der ganze dürftige Beweggrund also, der den Gesetzgeber dazu führte, den § 1312 in das Bürgerliche Gesetzbuch aufzunehmen, vielleicht besser gesagt hineinzuschmuggeln und nicht die Bestimmung auszumerzen, lag darin, daß eine Vorschrift gleichen Inhalts schon im bisherigen Reichsrecht enthalten war. Die dagegensprechenden „erheblichen Gründe" wurden übergangen. Statt diese Gründe zu würdigen, statt zu bedenken, daß das neuzuschaffende Gesetzeswerk dazu bestimmt sei, auf Jahrzehnte, vielleicht auf ein Jahrhundert hinaus die Schicksale von Millionen lebender Menschen richtunggebend zu beeinflussen, unter Umständen zu entscheiden, wird das „gute Alte" nach „konservativer" Manier unbesehen übernommen, und aus keinem Grund als dem, daß es einmal bisher so war. Als ob das Alte schon dadurch das Gute wäre! Es ist doch mit Gesetzen nicht wie mit Weinen! „Es erben sich Gesetz und Rechte wie eine ew'ge Krankheit fort. Vernunft wird Unsinn, Wohltat Plage."

Aber wo lag jemals die „Vernunft", wo je die „Wohltat" beim Verbote der Ehe unter Ehebrechern, „dessen Dummheit und Grausamkeit geradezu schaudererregend sind" (Max Nordau)..

Ich unterhielt mich einst als Rechtspraktikant (auf norddeutsch „Referendar") mit einem guten, alten Vormundschaftsrichter. Ich bekam gerad' ein Aktenstück in die Hand, in welchem die in einem Falle des § 1312 erbetene Befreiung vom Eheverbote verweigert worden war. Da sagt' ich zu dem Richter:

„Diese Bestimmung versteh' ich nicht. Warum sollen die einander nicht angehören dürfen, die sich zueinander hingezogen fühlen?"

„Es ist wegen des Ansehens der Ehe."

„Glauben Sie, Herr Oberamtsrichter, daß jetzt die beiden Leute, wenn sie sich nicht heiraten können, nicht doch zusammen verkehren? Vom Standpunkte der offiziellen Sittlichkeit aus, den doch auch das Gesetz grundsätzlich vertritt, schadet aber jeder außereheliche Geschlechtsverkehr dem Ansehen der Ehe. Gerade wenn die Ehebrecher jetzt einander heiraten wollen, erkennen sie die gesetzliche Ordnung, die sie vorher verletzt haben, an, ehren und heiligen sie!"

„Sie sollen aber von der Ehe ausgeschlossen sein, deren Einrichtung sie vorher gemeinsam beschimpft haben. Ihr Ehebruch soll nicht nachträglich vom Gesetze sanktioniert werden."

Wir zwei, der weißbärtige Oberamtsrichter und ich, wir waren dabei wohl so recht die Vertreter des Alten und des Neuen. Ich erhalte meine Auffassung aufrecht. Welchen vernünftigen und praktischen Sinn jene Bestimmung haben soll, will mir nicht einleuchten. Es ist eben noch kein frischer Windhauch in unsere Gerichtsstuben und gesetzgebenden Körper gekommen, da liegt noch zentimeterhoch der graue Staub einer vergangenen, unmenschlichen Zeit, welche heilig zu sprechen die Schleppträger des Mittelalters indes eifrig bemüht sind. Dies schrieb ich 1917. Erst die neue Zeit verspricht, hierin Wandel zu schaffen.

II.

„Vom Rechte, das mit uns geboren ist,
Von dem ist leider nie die Frage.“

Gegenseitige Abneigung ist kein Scheidungsgrund. Bei einseitiger Abneigung ist das noch weniger der Fall.

Über die Frage einer „Scheidung wegen unüberwindlicher Abneigung“ sagen die „Motive“:

„Ebensowenig“ (wie Scheidung auf Grund gegenseitiger Einwilligung) „ist es mit dem Wesen der Ehe als einer über dem Willen der Ehegatten stehenden sittlichen und rechtlichen Ordnung vereinbar, die einseitige oder die gegenseitige unüberwindliche Abneigung als solche, also auch dann als selbständigen Scheidungsgrund anzuerkennen, wenn diese Abneigung nicht durch ein nach anderen Bestimmungen zur Scheidung berechtigendes Verschulden des anderen Teiles hervorgerufen ist. Die Anerkennung dieses Scheidungsgrundes würde, da dem Richter ein objektiver, die Willkür ausschließender Beweis der unüberwindlichen Abneigung gar nicht erbracht werden kann, wenn dieser Scheidungsgrund praktische Bedeutung gewinnen soll, nur dahin führen, der Scheidung aus Willkür als Deckmantel zu dienen. Der Zulassung der Scheidung auf Grund einseitiger Abneigung steht zudem der Charakter der Ehe als eines Rechtsverhältnisses entgegen.“

Letzterenfalls gibt unser Gesetz dem Ehegatten, der den anderen noch liebt, selbst das Recht, von dem ihm abgeneigten Ehegatten die Leistung der von der schamhaften Rechtswissenschaft so genannten „ehelichen Pflicht“, auf deutsch des Beischlafs, zu verlangen, ja selbst den anderen Ehegatten unter der Marke einer „Klage auf Herstellung des ehelichen Lebens“ darauf einzuklagen. Daß eine Zwangsvollstreckung aus einem solchen Urteil ausgeschlossen ist, erscheint bei der sonstigen Rückständigkeit des Rechts fast verwunderlich.

Aber warum ein Urteil, durch das der seinem Ehegespons abgeneigte Ehegatte zum Beischlaf verurteilt wird, nicht auch vollstrecken?

Die „Motive“ sagen darüber:

„Die Anwendung von Zwangsmaßregeln zur Herstellung des ehelichen Lebens sind (sic!) mit dem Wesen der Ehe als eines vorwiegend sittlichen, auf der ehelichen Gesinnung beruhenden Verhältnissen nicht vereinbar. Die Erfahrung lehrt, daß dieselben in den meisten Fällen auch ohne praktischen Erfolg sind und nur dazu beitragen, die Erbitterung unter den Ehegatten zu vermehren.“

Ich gebe diese Stelle um so lieber wieder, als sie wiederum auf das Wesen der Ehe als eines „sittlichen Verhältnisses“ abstellt. Nur hat es leider das Gesetz versäumt, aus dieser seiner Auffassung die richtigen Konsequenzen zu ziehen. Denn das ist eine sehr merkwürdige Art von Sittlichkeit, die ein zur Beischlafsleistung wider Willen verurteilendes gerichtliche Erkennntnis zuläßt! Kant hat gelehrt, daß man den Menschen nur als Zweck, nie als Mittel behandeln soll. Heißt es nun nicht, den Menschen von Gesetzes wegen zur Befriedigungsmaschine degradieren (herabwürdigen), wenn man ihn dazu verurteilt, wider seinen kundgetanen Willen Geschlechtsverkehr auszuüben oder zu dulden?! Der Verurteilte ist dann nicht Subjekt, sondern Objekt. Noch nie ward die Würde des Menschen dermaßen in den Staub getreten, wie durch diese Bestimmung. Die „Motive" unseres Bürgerlichen Gesetzbuches und seine Ausleger werfen nur so mit „sittlichen Forderungen" um sich. Doch wie so oft im Leben, wird auch hier ein schönes Schlagwort, ein farbloser Begriff als Deckmantel für Rückständigkeiten, für nutzlose Grausamkeiten gebraucht. Theoretisch ist heutzutage die Sklaverei aufgehoben. Das sagt man so und bläht sich. Wir wollen von anderen Fällen nicht sprechen. Wir legen den Finger auf diese Wunde des Gesetzes.

Das gesunde Gefühl empfindet es als Verstoß gegen die guten Sitten, wenn auf einen Menschen irgendwie auch nur der geringste Druck in der Richtung ausgeübt wird, daß er äußerlich und körperlich mit Widerstreben und Abscheu Handlungen vornehme, die Zeichen und Ausfluß innerlicher geistiger Neigung und Liebe sind. Doppelt bedenklich ist, wenn solches kraft eines Rechtssatzes geschehen soll. In anderen ähnlich gelagerten Fällen lehnt das Gesetz einen derartigen Zwang ab. So läßt es nicht die Klage aus einem Verlöbnis auf Eingehung der Ehe zu. Auch ist das Versprechen einer Strafe für den Fall, daß die Eingehung der Ehe unterbleibt, für nichtig erklärt. Zu letzterer Bestimmung bemerken die „Motive":

„Ein solcher Ausspruch wirkt als indirektes Zwangsmittel und beeinträchtigt die Freiheit der Willensbestimmung bei der Eheschließung; er verträgt sich nicht mit dem Wesen der Ehe, welche in erster Linie ein sittliches Verhältnis ist und nicht als eine Quelle vermögensrechtlicher Vorteile behandelt werden darf."

Also beim Verlöbnis soll nicht einmal ein mittelbarer Zwang zur Eingehung der Ehe möglich sein, welcher in der Zulässigkeit der Vereinbarung einer Vertragsstrafe (Konventionalstrafe) für den Fall der Nichteinhaltung des Verlöbnisses gegeben wäre. Eben wegen des „sittlichen Verhältnisses" der Ehe! Hier tritt der Grundsatz in die Erscheinung: Es soll niemand wider seinen Willen unmittelbar oder mittelbar gezwungen werden können, einer Person lebenslängliche Treue zu geloben, die er nicht mag! Worin unterscheidet sich jedoch grundsätzlich von diesem Falle der, daß die Abneigung erst später eintritt? Ist es denn sittlicher, den Ehemann, der sich von seiner Frau angewidert fühlt, zum Beischlaf zu zwingen, als den jungen Menschen, der im Brautstande seine Verlobte kennen und — verachten lernte, zur Heirat? Bei der Eheschließung soll die „Freiheit der Willensbestimmung" zur Geltung kommen; warum nicht später?

So drastisch wie nur möglich tritt in der Zulässigkeit dieser Beischlafsklage das in die Erscheinung, was gegen das ganze Wesen der lebenslänglichen Einehe die größten Bedenken erwecken muß: sie verfügt für alle Zukunft über Dinge, die so höchstpersönlicher und ideeller, sozusagen so ätherischer Art sind, daß die plumpe Hand des Rechtes sie nur erdrückt. Man wird an einen Schmetterling erinnert, den man zuerst unter Gräsern und Blüten auf bunter Wiese sich tummeln sah und dem man später in einer Schmetterlingssammlung begegnet, durchbohrt von einer kalten, nüchternen Begriffsstecknadel.

III.

„Die Ehe ist das Grab der Liebe," sagt ein altes Wort. Es ist auf den unsinnigen Überschwang der Liebesleidenschaft zurückzuführen, daß sie sich selbst unbegrenzte Dauer und Haltbarkeit zuschreibt und sich in Schwüren für die Ewigkeit nicht genugtun kann.

„Dein ist mein Herz und soll es ewig bleiben." Dies „ewig" erweckt das Lächeln des nüchtern denkenden Menschen. Zunächst wird er durch dies Wörtlein wieder einmal an den sattsam bekannten allgemeinen Größenwahn der Tiergattung „homo sapiens" erinnert, welche sich selbst, und zwar vorwiegend in der Gestalt des werten eigenen Individui, als das letzte Ziel und der eigentliche Sinn dieses unendlichen und ewigen Weltalls erscheint und beispielsweise unsern winzigen und vergänglichen Planeten „Erde" mit „Welt", und das Ameisengewühl auf diesem Planeten mit „Weltgeschichte" anredet. Sodann bringt ihm jenes „ewig" so recht zum Bewußtsein, welchen optischen Täuschungen doch die Leidenschaften aussetzen, wie insbesondere die Liebe blind macht.

Es ist richtig: Ich brauche jeden Tag Brot, und folglich wäre es von mir so unvernünftig nicht, wenn ich mit einem Bäcker einen ständigen Vertrag auf Lieferung von Gebäck abschlösse. Dadurch könnte ich noch Nachlaß erhalten und würde gewiß infolge der ständigen Geschäftsverbindung besser bedient werden, als wenn ich oft den Bäcker wechselte. So ist es grundsätzlich auch klug, wenn sich Menschen, die einander gerne haben, zur dauernden Befriedigung des wiederkehrenden Geschlechtsbedürfnisses verbünden. Nur ist es a priori sehr seltsam, daß ihnen das Gesetz ein solches Bündnis nur unter der einen Bedingung gestattet, daß sie einander in der gedachten Beziehung nun auch ausschließlich und lebenslänglich angehören sollen.

Die gesetzliche Bekämpfung des Konkubinats entbehrt der rechtlichen Grundlage. Denn ebenso wie unsere Reichsverfassung ausspricht: „Reichsrecht bricht Landrecht", so besagt auch § 2 Absatz 1 des Einführungsgesetzes zum Strafgesetzbuche vom 31. Mai 1870 wörtlich:

> „Mit diesem Tage — (das ist dem in § 1 desselben Gesetzes bezeichneten 1. Januar 1872) — tritt das Reichs- und Landesstrafrecht, insoweit dasselbe Materien betrifft, welche Gegenstand des Strafgesetzbuches für das Deutsche Reich sind, außer Kraft."

Zu diesen Materien gehört die der Sittlichkeit, welche in dem 13. Abschnitte des zweiten Teiles des Reichsstrafgesetzbuches ihre Regelung fand. So sagt denn auch unser Strafrechtslehrer v. Liszt, daß die landesrechtlichen Strafdrohungen gegen das Konkubinat im Widerspruche mit dem Reichsrechte stehen, das heißt: widerrechtlich sind, und zwar auch dann, wenn sie diese Handlungen unter Polizeistrafe stellen. Trotzdem wird das Konkubinat in einigen Bundesstaaten, nämlich Bayern, Württemberg, Baden, Hessen, Braunschweig[1]), gegen Recht und Gesetz heute noch gemäß vorhandenen Paragraphen bestraft. Insbesondere hat man in Baden

[1]) Preußen fehlt!

die possierliche „Trennungsauflage" des § 72 badischen Polizeistrafgesetzbuches, also den Ausspruch einer Verwaltungsbehörde, durch den mit der Aufforderung, auseinanderzugehen, das Konkubinat „geschieden" wird. —

Eine höhere Sittlichkeit als diejenige, welche in unserem geltenden Gesetz ihre Ausprägung erfahren hat, gebietet: Ein Geschlechtsverkehr ist niemals zu beanspruchen, wenn nicht gegenseitige Neigung dazu vorliegt. Und ein „Recht", welches darauf ein Recht gibt, ist nicht weniger Unrecht, als jenes venetianische „Recht" es war, das dem Shylock ein Recht auf ein Pfund Menschenfleisch gab! Wie gesagt, läßt demgegenüber unser geltendes Recht sogar eine Verurteilung des Nichtwollenden zur Beischlafsleistung zu. Woraus folgt dies? Aus dem „Charakter der Ehe als eines Rechtsverhältnisses"! O, konstruktive Jurisprudenz! Lebensfeindlicher Paragraphenzirkus! Es haben einmal zwei einen Vertrag geschlossen, zu dessen wesentlichem Inhalt das Versprechen gegenseitiger lebenslänglicher Geschlechtsbefriedigung gehört. Ergo, sagt die Rechtswissenschaft, hier liegt ein Vertrag vor! Beim Schuldverhältnis heißt es: „Kraft des Schuldverhältnisses ist der Gläubiger berechtigt, von dem Schuldner eine Leistung zu fordern." Bei der Ehe: „Die Ehegatten sind einander zur ehelichen Lebensgemeinschaft verpflichtet." Logik: Man kann auch auf Herstellung der ehelichen Lebensgemeinschaft klagen.

Wir betrachten die Sache grundsätzlich. Praktisch kommt einer Verurteilung zur Beischlafsleistung infolge des erwähnten Ausschlusses einer Zwangsvollstreckung nicht unmittelbare Bedeutung zu. Ist der widerspenstige, getrennt lebende Ehegatte zur Herstellung der häuslichen Gemeinschaft rechtskräftig verurteilt und leistet er ein Jahr lang gegen den Willen des anderen Ehegatten in böslicher Absicht dem Urteile keine Folge, so ist gegen ihn ein Scheidungsgrund gegeben. Aber was bedeutet das wiederum? Derjenige Ehegatte, welcher seinerseits die Neigung zu seinem Partner verlor, kann von ihm nicht loskommen. Denn: er hat sich ja durch einen Vertrag verpflichtet, Neigung zu ihm zu haben! Er hat diese Neigung einfach zu haben (welch fürchterliche Gendarmenkonstruktion!). Aber es ist dem Gesetz auch dann genügt, wenn er seine „eheliche Pflicht" erfüllt, selbst wenn er dabei sich Gewissenszwang auferlegt. Wird da nicht, moralisch betrachtet, vom Gesetz eine Vergewaltigung begünstigt, ja verlangt? Denn jeder mittelbare oder unmittelbare, körperliche oder geistige Zwang zum Beischlaf ist eine Nötigung.

Es ist somit die Einrichtung der Ehe ganz einseitig in den Dienst der Befriedigung des Geschlechtsbedürfnisses gestellt. Der Wille des Gesetzes geht auf nichts anderes hinaus, als daß ein Geschlechtsverkehr zwischen den Ehegatten stattfinden muß, so oft ihn auch nur einer der Ehegatten wünscht, außer wenn sich das Verlangen als „Mißbrauch seines Rechtes" darstellt. Worauf ist das zurückzuführen? Die Ehe dient dem staatlichen Interesse nach möglichst weitgehender Kindererzeugung. Das sind hier die

„höheren objektiven Zwecke", von denen die „Motive" an der vorhin erwähnten Stelle sprachen. Das Recht, vom Ehegatten den Beischlaf zu verlangen, bedeutet damit ein Mittel, einem Nebenmenschen auf einem Gebiete, das *in jedem Augenblicke* höchstpersönlicher eigener Entschließung überlassen bleiben muß, Zwang anzutun.

Zur Beleuchtung des vorigen diene folgender Fall:

Ein Handwerker verliebte sich nach 10 jähriger Ehe in eine Witwe. Seine Frau hatte sich schon vorher immer mehr als ein bösartiges, gehässiges Weib erwiesen und dadurch den letzten Rest seiner Neigung verscherzt. Vor allem zog sie lästerlich über jedermann los und vergiftete die Freundschaft des Ehemannes mit allen seinen Bekannten. Begreiflicherweise erwachte in dem Manne der Wunsch, seine Frau loszuwerden und sich mit der anderen zu verheiraten. Zunächst trennte er sich von seiner Frau und lebte mit der anderen zusammen. Um sich mit ihr verheiraten zu können, strengte er eine Scheidungsklage gegen seine Frau an. Der Rechtsstreit entwickelte sich so, daß gegen Ende des Verfahrens vorauszusehen war, daß der Mann mit seiner Scheidungsklage abgewiesen werden würde. Die menschenfreundlichen Richter sahen ein, daß die Ehe der „Streitteile" nur noch ein Wort, aber keine Tatsache mehr war, und hätten es daher gerne gesehen, wenn die zerrüttete Ehe geschieden worden wäre. Sie stellten daher der Ehefrau anheim, im Wege der Widerklage gegen ihren Ehemann auf Scheidung zu klagen, welcher Klage stattzugeben sie sich geneigt zeigten, da die rechtlichen Grundlagen vorhanden waren. Die Frau aber mißgönnte ihrem Ehemanne seine Geliebte und unterließ aus Trotz und Haß die Erhebung der Widerklage. So kam es, daß die Scheidungsklage des Ehemannes abgewiesen wurde, somit die Ehe heute noch formell besteht, und zwar, obwohl eigentlich keiner der beiden Ehegatten mehr ein objektives Interesse an ihrer Aufrechterhaltung hat, da auch die Frau ihren Mann verabscheut. Der Ehemann hätte sich sogar dazu erboten, seiner Frau, falls sie die Scheidungsklage wegen ehewidrigen Verhaltens gegen ihn erhoben hätte, hinsichtlich der Unterhaltspflicht in weitgehenderem Maße entgegenzukommen, als das Gesetz dies verlangt. Gleichgültig! Die Ehefrau kann sich an das Eheband halten, selbst wenn die „Ehe" nur noch eine tote Form ohne jeden lebendigen Inhalt geworden ist.

Wir haben zwar für sonstige Rechtsgebiete den sogenannten „Schikaneparagraphen", welcher lautet: „Die Ausübung eines Rechtes ist unzulässig, wenn sie nur den Zweck haben *kann*, einem anderen Schaden zuzufügen." Im *Eherechte* gilt diese Bestimmung nicht. Freilich würde man mir, wollte ich dafür plädieren, dem gesunden Gefühle folgend die Anwendung dieses oder eines ähnlichen Grundsatzes auch im Eherechte zu gestatten, womöglich mit einem neuerlichen Hinweis auf das sittliche Wesen der Ehe begegnen. Ich habe eine andere Vorstellung von Sittlichkeit. Ich erachte für sittlich, was das Leben fördert, aber nichts, was ausschließlich toter Form oder Formel dient. Die Ehe darf nicht zu einem Götzenbilde werden, das man um seiner selbst willen anbetet und hochhält. Die Gesetze sind für die Menschen da, und nicht die Menschen für die Gesetze. Ich bin gewiß, ein neuer Geist wird einst alle alten Eulen davonjagen.

IV.

Vertragsfreiheit herrscht grundsätzlich im Rechte der Schuldverhältnisse. Auf dem Gebiete der Liebe aber herrscht solche Vertragsfreiheit nicht. Und doch singt Carmen von der Liebe, sie habe noch niemals ein Gesetz gekannt [2]).

---

[2]) „L'amour est enfant de Bohême, il n'a jamais connu de loi."

Zwei geschlechtsverschiedene Menschen lieben einander und möchten einander vor der Welt angehören. Was aber sagen die Gesellschaft und der Staat? „Wir dulden kein anderes geschlechtsvertrauliches Verhältnis als die Ehe, und zwar die Ehe zu den Bedingungen, welche wir vorschreiben.“ Man wird im folgenden sehen, wie die liebeshungrigen jungen Leute jetzt vom Staat eingefangen werden.

Wollen sie einander in Ehren angehören, so müssen sie eine lebenslängliche Ehe miteinander abschließen. Sie müssen das tun, obwohl ihnen als denkenden Wesen vielleicht bewußt ist, oder vielmehr unmöglich entgehen kann, daß die flammende Leidenschaft, auch die ruhige Liebe erlöschen können. Sie gehen einen Vertrag ein, der möglicherweise etwas Unerfüllbares für sie enthält, und sind vielleicht „eingegangen“. Und hernach, wenn wirklich die Neigung vergeht, dann spricht die harte Welt zu ihnen Schillers Worte: „Die Liebe *muß* bleiben!“ *Sie muß*, aber wenn sie nicht *kann*? Dann ist die Folge ein unter Umständen lebenslanges Martyrium der Liebe, erzwungen vom „Recht“. Denn *kann man auf Kommando*, „pflichtgemäß“ (Cordelia) *lieben*? Zuerst also zwingt man die Liebenden, sich „*ewige*“ Liebe und Treue zu schwören, nüchterner: sich zu ihr vertraglich zu verpflichten, und wenn später ihre Herzen auseinanderstreben, ruft man ihnen kaltherzig, aber „gerecht“ zu: „Ja, warum schlosset ihr die Ehe? Ihr kanntet ihren Inhalt und ihre Bedeutung! Ihr habt diesen verfänglichen Vertrag einmal geschlossen und seid an ihn gebunden.“ Das aber ist das Ungeheuerliche an der Sache, daß man das Konkubinat beschimpft oder gar verbietet und unter Rechtsbruch bestraft, daß man dadurch zwei Liebende zur Ehe, das heißt zu dem Versprechen dauernder Liebe und Lebensgemeinschaft zuerst *zwingt*, und daß man später, wenn sie das ursprünglich mit dem frohen und leichten Sinne liebender Jugend auf sich genommene Ehejoch als Bürde und *Zwang* empfinden, ihnen wehrt, es von sich abzuschütteln — *obwohl man sie dazu zwang!*

Und ferner unterscheidet das die Ehe von sämtlichen anderen Verträgen: Man geht diese ein, um damit einem einseitigen oder mehrseitigen Bedürfnisse zu dienen. Die Vertragschließenden haben es aber jeweils in der Hand, im allseitigen Einverständnisse den geschlossenen Vertrag wieder rückgängig zu machen, wenn das Bedürfnis wegfällt — oder sonst. Nicht so bei der Ehe. Als sei sie ad maiorem Dei gloriam geschlossen und nicht zur Erfüllung menschlicher Zwecke, als sei sie eine Art von unbegreiflicher „höherer Ordnung“ — („die Ehen werden im Himmel geschlossen“), muß sie dem Pfeile gleichen, der, wenn er vom Bogen des Schützen einmal weggeschnellt wurde, seiner Gewalt unwiederbringlich entronnen ist. Es ist daher die Eheschließung ein in fast entsetzlicher Weise entscheidender Punkt im Leben des *gewissenhaften* Menschen. Was Wunder, daß folgende Veränderung eines bekannten Schillerwortes aufkommen konnte: „Drum prüfe ewig, wer sich bindet.“ Eine fast übermenschliche Verantwortung nimmt der auf sich, welcher sich unter dem geltenden Rechte verheiratet. Wozu aber die Menschen so knebeln? Cui bono?

V.

„Auch das Konkubinat ist korrumpiert worden: — durch die Ehe," sagt Nietzsche.

Und nach allem, was man sieht und hört, hat Schopenhauer mit seinem Ausspruch, unsere Monogamie stehe nur auf dem Papier, in Wirklichkeit lebten wir alle in Polygamie[3]), im Hinblick auf die Gegenwart ganz recht. Das ist die Kehrseite der Medaille! Es ist männiglich bekannt, daß in gewissen Schichten Ehemänner und Ehefrauen in geschlechtlicher Beziehung freier denken und freier handeln als selbst die liebe Jugend. Ich weiß wohl, daß dies zu den Dingen gehört, welche man nicht sagt. Man huldigt ja dem „jungfräulichen" Grundsatze: „So 'was tut man, aber man sagt es nicht", übrigens einer allerliebsten Abwandlung des berühmten Goethewortes: „Man darf das nicht vor keuschen Ohren nennen, was keusche Herzen nicht entbehren können." Wozu aber ein Blatt vor den Mund nehmen, wo es sich um so ernste Dinge handelt? Was tut nun dies anderes dar, als daß die Ehe, so wie sie das Gesetz befiehlt, eben zur Lüge führt, zur Lüge des Ehegatten gegen sich selbst, zur Lüge gegen seinen Gatten und gegen die Gesellschaft?

Diese Tatsachen beweisen nicht, daß die Menschen „schlecht" sind, wohl aber ihre Gesetze, die von ihnen menschenunmögliches verlangen; daß die Ehe in ihrer gegenwärtigen Gestalt eine aus dem Zwangsstaate des Mittelalters herstammende Zwangsjacke oder ein Prokrustesbett ist, welches für die Menschen unserer Zeit nicht paßt. Ob für die „frumben" Menschen? Die Gräber plaudern nicht. Wieviel glücklicher müßte eine Menschheit sein, bei der zwischen Sein und Schein nicht diese klaffenden Widersprüche bestünden, wie es in unserem ganzen Leben allenthalben der Fall ist!

Warum nicht die Rechtsinstitute den Anforderungen der menschlichen Natur anpassen? Warum nicht berücksichtigen, daß kein Mensch für alle Zukunft seine Neigung zu gewährleisten vermag? Warum nicht offen, frei, menschlich, natürlich an eine Neuordnung der geschlechtlichen Beziehungen der Menschen herantraten? Die Mächte des Alten stehen im Weg!

Ich schlage vor, das Konkubinat wie im römischen Rechte gesetzlich anzuerkennen, zum mindesten gemäß der unzweideutigen Bestimmungen unseres Reichsstrafgesetzbuches nicht zu bekämpfen. Ich schlage weiter vor, auf dem Gebiete der Ordnung der geschlechtlichen Beziehungen unter den Menschen volle Vertragsfreiheit einzuführen. Die Folge wird sein, ein glücklicheres Geschlecht, eine verjüngte Menschheit. Man wird mir entgegenhalten, das führe zur Zügellosigkeit. Aber die will ich eben abschaffen. Ich will ja, daß die Menschen, womöglich in feierlicher Form, auch fürderhin Liebesbündnisse miteinander abschließen, nur sollen ihnen noch an-

---

[3]) „Wir Alle leben, wenigstens eine Zeitlang, meistens aber immer in Polygamie."

dere Möglichkeiten als die starre Schablone der lebenslänglichen Ehe zu Gebote stehen. Vor allem sollen die Scheidungsmöglichkeiten vergrößert werden.

VI.

Inzwischen sehen wir aber unseren Gesetzgeber in seinen „Motiven" Erwägungen anstellen, wie die folgenden:

„Da die Ehe ihrem Begriff und Wesen nach unauflöslich, die Scheidung daher stets etwas Anomales ist, so verdient schon von diesem Gesichtspunkte aus die Scheidung, wenngleich dieselbe . . . nicht zu entbehren, doch keine Begünstigung. Für eine strengere Gestaltung des Scheidungsrechtes sprechen aber auch vom staatlichen Standpunkte aus die gewichtigsten Gründe. Der Staat hat ein dringendes Interesse daran, darauf hinzuwirken, daß die Ehe als die Grundlage der Gesittung und der Bildung so sei, wie sie sein soll, und deshalb das Bewußtsein des sittlichen Ernstes der Ehe und die Auffassung derselben als einer von dem Willen der Ehegatten unabhängigen sittlichen Ordnung im Volke zu fördern. Dies geschieht durch Erschwerung der Ehescheidung." (??) . . . „Es wird dadurch einerseits der Eingehung leichtsinniger Ehen entgegengetreten, andererseits darauf hingewirkt, daß die Führung in der Ehe selbst eine dem Wesen der Ehe entsprechende ist, da, wenn die Ehegatten wissen, daß die Ehe nicht leicht wieder gelöst werden kann, die Leidenschaften, welche den Wunsch nach Scheidung erregen, eher unterdrückt, eheliche Zerwürfnisse leichter wieder beseitigt werden und an Stelle der Willkür die Selbstbeherrschung und das Bestreben der Ehegatten treten, sich einander zu fügen. Dazu kommt, daß auf der Festigkeit der Ehe im Gegensatze zum Konkubinate die höhere sittliche Stellung des weiblichen Geschlechts beruht, eine zu große Erleichterung der Scheidung auch den öffentlichen Wohlstand und die Erziehung der Kinder gefährdet. Auf der anderen Seite darf indessen die staatliche Gesetzgebung auch die Bedürfnisse des Lebens und die realen Verhältnisse, sowie den Charakter der Ehe als eines Rechtsverhältnisses nicht außer Acht lassen. Der Charakter der Ehe als eines Rechtsverhältnisses legt dem Staate die Pflicht auf, den einen Ehegatten gegen den anderen zu schützen, wenn dieser die ihm obliegenden ehelichen Pflichten durch sein schuldhaftes Verhalten verletzt. Ein solcher Schutz kann aber in wirksamer Weise nur durch das Recht der Scheidung gewährt werden, da nach der Natur der Ehe als eines vorwiegend sittlichen Verhältnisses die Erfüllung der ehelichen Pflichten und die Wiederherstellung des gestörten Rechtszustandes durch äußeren Zwang teils überhaupt nicht, teils nur unvollkommen in einer bloß äußerlichen Weise erreicht werden könnte. Andererseits folgt aus der Natur der Ehe als eines Rechtsverhältnisses, daß keinem Ehegatten die einseitige willkürliche Auflösung der Ehe gestattet werden darf, und daß demjenigen Ehegatten das Recht der Scheidung zu versagen ist, welcher zur Begründung der Behauptung, daß die Ehe eine zerrüttete sei, auf sein eigenes schuldvolles Verhalten sich berufen wollte."

Zu diesen grundsätzlichen Ausführungen ist Stellung zu nehmen:

1.

Das Recht ist dazu da, die Beziehungen l e b e n d e r M e n s c h e n zueinander gemäß den Erfordernissen des L e b e n s zu ordnen.

I h e r i n g sagt: „Die Gesellschaft ist nicht des Sittlichen, sondern das Sittliche der Gesellschaft wegen da."

So sagen wir: Die Menschen sind nicht des „Begriffs" und des „Wesens" von Rechtsinstituten, sondern die Rechtsinstitute der Menschen wegen da.

Wenn liebestrunkene Menschlein eine „ewige" Ehe miteinander eingehen, so darf ihr Vertrag „Ehe" nicht später, wenn die Ehe für sie keinen Inhalt hat und sie statt „Ehe" rufen „Wehe!", allein um deswillen g e g e n sie wirken, weil sie — ihn — „eingingen". Es läge darin etwas von der Vergewaltigung des Klosters, das um des Gelübdes willen keinen mehr entläßt, sobald die „Probezeit" (das wäre hier die „Verlobung") abgelaufen ist. Wir halten daran fest: es gibt kein Wort und keinen Vertrag, der das Lebensglück aus formalistischen Gründen vernichten darf.

„Die Ehe ist ihrem Begriff und Wesen nach unauflöslich." Die abstrakte Ehe ist unauflöslich. Die konkrete Ehe wird ursprünglich auch als unauflöslich gewollt, das heißt: es ist selbstverständlich, daß in dem Augenblick ihrer Eingehung niemand an den Tod der Liebe denkt. Wie Otto Ludwig von der Ehe treffend bemerkt, ist sie eben „die Fliegenfalle der Liebe". Aus dem kalten Begriffsmerkmal ihrer Unauflöslichkeit heraus die Scheidung für etwas Anomales zu erklären, ist vielleicht logisch, unmöglich weise. Die Ehe mag ihrem theoretischen Ideale nach unauflöslich sein; wozu daraus jene lebensfeindliche begriffsjuristische Folgerung ziehen? Das wirkliche Leben läßt sich doch wahrlich nicht in einigen Begriffsschubladen unterbringen, an deren jeder außen ein weißer Zettel den Inhalt anzeigt: „Ehe", „Dienstvertrag" usw. Weil ein Vertrag formell als unauflöslich gewollt ward, braucht er es darum zu sein?

Wir haben doch verschiedene Bestimmungen in unserem Bürgerlichen Gesetzbuche, die einer übermäßigen und die persönliche Freiheit verletzenden Bindung für die Zukunft vorbeugen wollen! Übertragung künftigen Vermögens durch Vertrag ist nichtig. Ist ein Dienstverhältnis für die Lebenszeit einer Person oder für längere Zeit als fünf Jahre eingegangen, so kann es von dem Verpflichteten nach dem Ablaufe von fünf Jahren gekündigt werden. In diesen Fällen wird doch auch die Wirksamkeit von die persönliche Freiheit aufhebenden oder hemmenden Verträgen gemindert oder verhindert. Und darf des berühmten § 544 hier nicht gedacht werden? Er gestattet fristlose Kündigung — als unverzichtbares Recht — jedes Mietvertrags, falls die Benutzung eines gemieteten Raumes „mit einer erheblichen Gefährdung der Gesundheit verbunden ist". Nun, so möchte man hier drastisch fragen, und wenn eine mißhellige Ehe den einen oder beide Ehegatten dazu verurteilt, sich an ihr die Nerven zugrunde zu richten? Da tritt eben die überspannte sittliche Forderung wieder auf den Plan! Und sagt: „Ihr müßt!" O Scholastik! So mag manche Ehe dem Baume der Erkenntnis gleichen: hat man von ihm genascht, so wird man aus dem Paradiese getrieben. Was aber lehrt jene Gegenüberstellung des § 544 und der Unauflöslichkeit einer nervenzerrüttenden Ehe [4]), wohlverstanden, einer Ehe so wohlerzogener Eheleute, daß sie einander nicht Porzellanscherben an den Kopf werfen? (Letzterenfalls läge ja der Scheidungsgrund der „groben Mißhandlung" vor, § 1568 Satz 2 BGB.) Sie lehrt: Man schützt zwar die äußere Integrität des Körpers, aber für so subtile Dinge wie „Nerven" hat das Gesetz kein Verständnis. Dies ist nicht allzuschwer zu begreifen, bedenkt man, daß unser Eherecht einer primitiveren Zeit entstammt, als die unsere ist. Unser Eherecht stammt vom Kirchenrecht ab.

---

[4]) Deren Scheidung höchstens erbarmender Irrsinn und § 1569 BGB. ermöglichen könnte.

Nach kanonischem Recht ist das Eherecht Kirchenrecht, und zwar nur Kirchenrecht [5]). Nun, im Mittelalter kannte man eben noch keine Nerven. Das ist der Grund dafür, daß auch unsere Eheleute keine Nerven haben d ü r f e n ! Wer hieran noch zweifelte, stelle das Vorhandensein des „kirchlichen" § 1588 in unserem Gesetzbuche fest, einer materiell gänzlich bedeutungslosen Bestimmung, die nichts bedeutet als e i n e V e r b e u g u n g d e s S t a a t e s v o r d e r K i r c h e. Er lese auch die „Motive" zum Familienrechte! Jene ursprünglichen Zeiten kannten und berücksichtigten eben nur das Augenscheinliche, Derbe und Handgreifliche. O unglücklich verheiratete Eheleute, so bislang gesetzlicher Ehescheidungsgründe entbehret habet! Wollet ihr geschieden sein? Dann fordere ich euch auf: Bewerfet euch wechselseitig mit Porzellanscherben! Vergesset aber nicht, eu'r gottesfürchtig Dienstmädchen hereinzurufen, auf daß ihr einen Zeugen habet!

2.

Die Ehe unseres Gesetzes ist nicht das freie Band, welches zwei geschlossene Persönlichkeiten in harmonischer Lebenskameradschaft eint, sondern ein mittelalterlicher „Turm", dessen Fenster mit einem aus lauter Paragraphen zusammengesetzten Gitterwerk abgeschlossen sind. —

Die zuletzt angeführte Stelle der „Motive" findet in folgenden Sätzen jener insoweit ihre Ergänzung, als diese davon sprechen, aus welchen Gründen die Scheidung nicht zu entbehren sei. Zunächst wird ausgegangen von dem bereits eingangs wiedergegebenen Satze, d e r c h r i s t l i c h e n G e s a m t a n s c h a u u n g d e s d e u t s c h e n V o l k e s e n t s p r e c h e n d gehe der Entwurf davon aus, daß im Eherechte, auch soviel die Auflösung der Ehe vor dem Tode eines der Ehegatten betreffe, nicht das Prinzip der individuellen Freiheit herrschen dürfe, sondern die Ehe als e i n e v o n d e m W i l l e n d e r E h e g a t t e n u n a b h ä n g i g e s i t t l i c h e u n d r e c h t l i c h e O r d n u n g anzusehen sei. Weiter heißt es:

„Daraus läßt sich indessen, selbst v o m c h r i s t l i c h e n S t a n d p u n k t e a u s, die absolute Unzulässigkeit der Ehescheidung nicht ableiten. Jedenfalls ist anzuerkennen, daß es F ä l l e g i b t, in welchen der Staat mit R ü c k s i c h t a u f d i e B e d ü r f n i s s e d e s L e b e n s, a u f d i e r e a l e n V e r h ä l t n i s s e u n d d e n C h a r a k t e r d e r E h e a l s e i n e s R e c h t s v e r h ä l t n i s s e s kein Interesse und keine Veranlassung hat, die Pflicht der Ehegatten, sich nicht zu scheiden, als eine Rechtspflicht anzuerkennen, in welchen er vielmehr die Auflösung der Ehe gestatten muß, weil die s i t t l i c h e n G r u n d l a g e n d e r l e t z t e r e n z e r s t ö r t, die Voraussetzungen dieser innigsten Lebensgemeinschaft gänzlich geschwunden sind und deshalb die Ehe als segenbringend und veredelnd nicht mehr gedacht, auch vom Standpunkte der Gerechtigkeit aus dem die Auflösung der Ehe verlangenden Ehegatten die Fortsetzung der Ehe nicht ferner zugemutet werden kann. Hat doch selbst die katholische Kirche die äußerste Konsequenz derjenigen Auffassung, nach welcher die durch die Ehe begründete Pflicht, sich nicht zu trennen, nicht bloß eine Pflicht des einen Ehegatten gegenüber dem anderen, sondern eine von dem Willen der Ehegatten unabhängige, objektiv durch die Institution der Ehe selbst gegebene ist, nicht gezogen, indem sie im Falle des Ehebruches oder eines diesem gleichstehenden Fleischesverbrechens dem unschuldigen Teile ein unbedingtes Recht der Trennung von Tisch und Bett auf Lebenszeit gewährt; denn mit einer solchen Trennung wird die eheliche Lebensgemeinschaft materiell vollständig aufgehoben, und die An-

---

5) Friedberg, Kirchenrecht § 138.

nahme, daß die Ehe dem Bande nach fortbestehe, wahrt die Unauflöslichkeit der Ehe nur der Form nach. Von der Auflösung der Ehe dem Bande nach unterscheidet sich diese Trennung von Tisch und Bett praktisch nur dadurch, daß, solange die getrennten Ehegatten leben, keiner derselben eine andere Ehe schließen kann, mithin eine Wiedervereinigung derselben bis zum Tode des einen oder anderen noch möglich ist. Die Vorteile dieser Möglichkeit werden jedoch, wenn man die realen Verhältnisse des Lebens ins Auge faßt, weit überwogen durch die Nachteile und die Gefahren, welche das Verbot der Wiederverheiratung für den Hausstand, die Nahrungsverhältnisse, die Erziehung der Kinder und für die Sittlichkeit mit sich bringt. Insbesondere ist es für den unschuldigen Teil eine große Härte, wenn er durch die Schuld des anderen Teiles, welcher seinerseits die ehelichen Pflichten mit Füßen getreten und jenem die Fortsetzung der Ehe unerträglich gemacht hat, den bezeichneten Nachteilen ausgesetzt und für die Lebenszeit des anderen Teiles an der Schließung einer neuen Ehe verhindert sein soll."

In Übereinstimmung mit diesem mindestens insoweit gesunden Standpunkte der „Motive" schloß der Entwurf die Trennung von Tisch und Bett aus. Der Reichstag dagegen beschloß, sie wahlweise neben der Scheidung zuzulassen.

Konzession an die Kirche!

a)

v. Liszt sagt:

„Der heutige Staat hat in dem Rechtsinstitute der Ehe dem Geschlechtsleben seine Bahnen gewiesen und damit den mächtigsten aller Naturtriebe in den Dienst der gesellschaftlichen Zwecke gestellt."

Die Ehe kann vernünftigerweise nur als eine Rechtseinrichtung angesehen werden, deren Aufgabe es ist, zwar den Individuen die Betätigung des Geschlechtstriebes zu ermöglichen, aber die damit für die Allgemeinheit möglicherweise verbundenen schädlichen Wirkungen auf ein Mindestmaß zu beschränken. Den richtigen Ausgleich zwischen den Interessen der Allgemeinheit und denen der Einzelpersonen zu finden, ist die schwere Aufgabe. Wir können uns nun des Eindruckes durchaus nicht erwehren, daß neben diesen beiden Arten von Interesse in dem geltenden Eherechte noch ein drittes, metaphysisches Interesse seine Berücksichtigung fand: das ist die Sakramentsnatur der Ehe. Dies ist die in dem letzten den „Motiven" entnommenen Zitat angeführte „von dem Willen der Ehegatten unabhängige objektiv durch die Institution der Ehe selbst begründete (wir können hinzufügen: „absolute") Pflicht, sich nicht zu trennen," wie sie in der katholischen Kirche herrscht. Unser geltendes Eherecht stellt nicht etwa lediglich ein Kompromiß zwischen den Interessen der Einzelnen und denen der Gesellschaft dar, sondern als dritter Kompromittent ist die Vergangenheit, das Kirchenrecht, hinzugetreten. Dadurch wurde verhütet insbesondere ein wahrhaft modernes, den Bedürfnissen des Lebens angepaßtes Scheidungsrecht.

Betrachten wir die Ziele, welche sich der Staat bei der Ordnung des Eherechtes von seinen eigenen Interessen aus zu setzen genötigt ist:

aa) Es ist einmal der Schutz der Ehegatten und der Gesellschaft vor der Verbreitung der Geschlechtskrankheiten, welche die Folge einer allgemeinen Zügellosigkeit wären.

bb) Es ist zum zweiten der Schutz der Kinder. Bei Promiskuität wäre weder für ihren Unterhalt, noch für ihre Erziehung hinreichend gesorgt, von ideellen Momenten wie auch dem Gesichtspunkte der Feststellung der Vaterschaft zu schweigen[6]).

cc) Es ist zum dritten die Sicherheit des Rechtsfriedens, welche beim Mangel jedweder Ordnung in den geschlechtlichen Beziehungen der Menschen infolge ewiger Eifersüchteleien gefährdet wäre (vgl. Eigentumsordnung).

dd) Es ist zum vierten die Sorge für den Seelenfrieden der Einzelnen als die Grundlage eines gedeihlichen wirtschaftlichen Schaffens. Die Ehe legt dem an sich im Menschen liegenden Hange nach Genuß Fesseln an und richtet den Sinn auf ernste Zwecke; vor allem kehrt sie auch teilweise[7]) vom krassen Egoismus ab und wirkt dadurch veredelnd.

Diese gesellschaftlichen Zwecke und nur sie rechtfertigen die weitgehende Beschränkung der persönlichen Freiheit durch die Ehe. Das Lebensglück der Ehegatten darf keineswegs dem Begriff der Ehe aufgeopfert werden — als einem abstrakten, leblosen Götzenbild —, sofern durch eine Auflösung der Ehe die obigen Erfordernisse keine Beeinträchtigung erfahren.

Vornehmlich darf nicht vergessen werden:

Harmonieren die Ehegatten nicht mehr, so ist dadurch die Erreichung eigentlich sämtlicher vorstehend aufgeführter, durch die Rechtseinrichtung der Ehe staatlicherseits verfolgter Zwecke gefährdet:

Ein harmonisches Verhältnis ist die Grundlage der ehelichen Treue. Es ist doch wahrlich besser, daß eine Ehe, bei der unter den Ehegatten eingetretene Mißhelligkeiten als unheilbar offenbar und objektiv in die Erscheinung getreten sind, auf Wunsch wenigstens beider Beteiligten beizeiten aufgelöst wird, denn daß sie als Lüge fortwuchert. Ihr erzwungenes Fortbestehen ist der beste Nährboden für den Ehebruch. Ist er einmal begangen und dem anderen Ehegatten bekannt geworden, dann ist allerdings diesem das Recht der Scheidung gegeben. Vielleicht hat ihn aber inzwischen der ehebrecherische Teil, der sich bei einer dritten Person eine Geschlechtskrankheit holte, längst angesteckt. Es wird dann der Brunnen zugedeckt, nachdem das Kind in ihn gefallen ist, anstatt daß bereits die ehebrecherische Gesinnung als der Boden künftig möglichen oder sogar wahrscheinlichen Ehebruchs, soferne sie als das Anzeichen und die Folge einer ehewidrigen Gesinnung in die Erscheinung trat und sich etwa in einem Scheidungsbegehren des innerlich bereits Untreuen Luft machte, als Scheidungsgrund ausgereicht hätte. So schlecht beugt das Gesetz der Verbreitung von Geschlechtskrankheiten vor!

Es ist mit den schärfsten Mitteln dafür Fürsorge zu treffen, daß geschlechtskranke Ehegatten zu keinem Beischlafe ge-

---

[6]) Max Nordan schreibt: „Damit man leichter feststellen könne, welcher Mann für welches Kind aufzukommen hat, damit man nicht Gefahr laufe, die Erhaltungspflicht einem Unrichtigen aufzubürden, soll jeder Mann nur von einem einzigen Weib, jedes Weib nur von einem einzigen Manne Kinder haben können. Das ist die Einzelehe."

[7]) Anderseits gibt es auch den Familienegoismus.

langen können. Denn die Bekämpfung der Geschlechskrankheiten ist ein ganz vitales Interesse der Gesellschaft und des Staates und von ungleich größerer Wichtigkeit als aller in unserem Gesetze fortlebende Zopf und Formelkram. Die neue Zeit braucht neue Menschen und darum auch neue Gesetze.

Besteht gegenseitige Abneigung unter den Ehegatten, so wirkt dies auf die Jugend der Kinder vergiftend und entsittlichend ein. Das in den Kindern lebende Bewußtsein der gegenseitigen Liebe und Treue der Eltern kann geradezu als Grundstein der Sittlichkeit der Kinder bezeichnet werden. Besteht fortgesetzter Zank und Streit oder auch nur den weichen Kinderherzen fühlbare Lieblosigkeit unter den Eltern, so ist es eine Marter ohnegleichen für die Kleinen, dies mitansehen zu müssen. Welch unendliche Qual für ein Kind, seine Mutter weinen sehen zu müssen! Der Jugend schönste und entscheidendste Jahre werden durch ein freudloses Eheleben der Eltern verdüstert, mit seelischen Wirkungen für das ganze Leben. Auch von diesem Gesichtspunkt aus ist reinliche Scheidung das Beste. Eine neue Ehe kann unter Umständen den Kindern ein neues Heim schaffen. Nach erfolgter Scheidung ist dem allgemeinen Frieden weit mehr gedient als bei endloser Fortsetzung der gegenseitigen Reibereien in der Ehe. Die oben als vom Staate mit dem Eheinstitut angestrebt aufgeführten Wirkungen der Ehe sind weggefallen, sobald sie aus einer lebenerfüllten Form zu einem inhaltslosen Worte geworden ist.

b)

Inwiefern demgegenüber durch eine Erschwerung der Ehescheidung die mit der Ehe verfolgten staatlichen Zwecke besser sollen erreicht werden können als bei dem Vorhandensein eines freieren Scheidungsrechtes — was die Motive doch prätendieren —, ist nicht einzusehen.

Ich gebe zu, es ist möglich, daß ein gewissenhafter Mensch von der Eingehung einer Ehe unter Umständen durch die Rücksicht auf die ihrer Auflösung im Wege stehenden Schwierigkeiten abgehalten werden könnte. Das wäre aber gerade ein so schwerblütiger Mensch, eine Persönlichkeit von so ausgeprägtem Pflichtgefühl und Verantwortungsbewußtsein, wie man sie sich als Ehegatten gerade wünschen müßte. Ein solcher Mensch würde wirklich die Ehe als ein Rechtsverhältnis wollen — falls er sie nämlich wollte! Wie manchen prächtigen Junggesellen im Patriarchenbarte kenne ich, der mir versichert hat: was ihn von der Eingehung einer Ehe abgehalten habe, das sei das Bewußtsein ihrer Pflichten; wenn er sein Jawort gegeben haben würde, dann hätte er es auch unbedingt haben halten und nicht wie mancher seiner weitherzigeren Mitbürger zwischen Ehefrau und Kellnerin polarisieren wollen! Wieviele rechtlich Denkende, die sich nicht der Lebenslüge beugen wollten, mögen auf diese Weise ledig geblieben sein! Die Schlechtesten waren es gewiß nicht.

Wenn also die „Motive“ wähnen, durch Erschwerung der Ehescheidung „der Eingehung leichtsinniger Ehen“ mit Erfolg entgegentreten zu können, so ist das nichts als graue, aktenstaubgepuderte, weltfremde Theorie. „Leichtsinnige Ehen“ werden dadurch nicht verhindert; denn Leichtsinnige denken nicht an die Zukunft. Den Ehen Gewissenhafter wird dadurch ein Riegel vorgeschoben. Und soll das sein? Verdienten die Eigenschaften des Pflichtbewußtseins und des Billigkeitsgefühles nicht eher, fortgepflanzt zu werden, als der „holde“ Leichtsinn?

Darum lockert das Band der Ehe, auf daß es weniger gelockert werde!

Bei der Eingehung sehr vieler Ehen spielt die vernünftige Überlegung nicht die geringste Rolle. Die Liebe ruft eben die sattsam bekannte optische Täuschung hervor: „Liebeswahnsinn? Pleonasmus! Liebe ist ja schon ein Wahnsinn!“ (Heine.) Philosophisch drückt denselben Gedanken Schopenhauer auf seine Art so aus: „Die Genitalien sind viel mehr als irgendein anderes äußeres Glied des Leibes bloß dem Willen (sc. im Schopenhauerschen Sinne) und gar nicht der Erkenntnis unterworfen: ja, der Wille zeigt sich hier fast so unabhängig von der Erkenntis, wie in den, auf Anlaß bloßer Reize, dem vegetativen Leben, der Reproduktion, dienenden Teilen, in welchen der Wille blind wirkt, wie in der erkenntnislosen Natur. Denn die Zeugung ist nur die auf ein neues Individuum übergehende Reproduktion, gleichsam die Reproduktion auf der zweiten Potenz, wie der Tod nur die Exkretion auf der zweiten Potenz ist. — Diesem allen zufolge sind die Genitalien der eigentliche Brennpunkt des Willens und folglich der entgegengesetzte Pol des Gehirns, des Repräsentanten der Erkenntnis, d. i. der anderen Seite der Welt, der Welt als Vorstellung.“ Spielt aber die vernünftige Überlegung beim Eheabschluß eine Rolle, so gilt sie sehr häufig sehr anderen Punkten als der Prüfung der körperlichen und geistigen, vor allem auch der sittlichen Eigenschaften des zukünftigen Ehepartners, gewöhnlich der Erforschung der Tiefe seines Geldbeutels.

Wie werden aber Gewissenlose denken? Sie werden sich sagen: Ein Scheidungsgrund wird sich nötigenfalls schon finden lassen, und läßt er sich nicht finden, so werden wir ihn schaffen!

Hiermit kommen wir zu einem der traurigsten Kapitel: Unser Gesetz mit seinen „sittlichen Tendenzen“ vermag, durch die Beschränkung seiner Scheidungsgründe einen Ehegatten, der an sich nicht an Ehebruch dächte, aber das für ihn unerträglich gewordene Ehejoch unter allen Umständen abzuschütteln gewillt ist, zum Ehebruch und danach zur direkten oder indirekten Mitteilung desselben an den anderen „Streitteil“ zu treiben, um ihn dadurch zum Scheidungsantrage moralisch zu zwingen!

Ein Beispiel: Ein Kaufmann war in Südafrika verheiratet. Infolge von Mißhelligkeiten verließ ihn seine Frau, und er selbst kehrte in die Heimat zurück. Beide Teile wollten geschieden sein. Um die Scheidung herbeiführen zu können, begeht er einen Ehebruch, benennt seiner Frau die Betreffende als Zeugin, und die Ehe wird anstandslos geschieden. Moralisch trifft die Mitschuld an derart unwürdigem Tun den Gesetzgeber! So wird durch eine strenge Gestaltung des Scheidungsrechtes „das Bewußtsein des sittlichen Ernstes der Ehe“ im Volke gefördert!

Aber noch eins: Sollte selbst durch eine Erschwerung der Ehescheidung der Eingehung leichtsinniger Ehen mit Erfolg wirklich entgegengetreten werden können, ist das ein Grund, die einmal Verheirateten unauflöslich zusammengekoppelt halten zu wollen? Es ist unmenschlich, daß so und so viele verheiratete Leute, die nach natürlichem Empfinden auseinander sollten, weil es sie auseinandertreibt, lediglich deshalb beisammen bleiben müssen, damit andere Unverheiratete von der Eingehung leichtsinniger Ehen abgeschreckt werden. Sind wir denn hier im Strafrecht, wo durch die Verhängung der Strafe andere von der Begehung des „Verbrechens“ abgeschreckt werden sollen? Difficile est, satiram non scribere!

3.

Die „Motive“ sagen ferner, durch Erschwerung der Ehescheidung werde „darauf hingewirkt, daß die Führung in der Ehe selbst eine dem Wesen der Ehe entsprechende ist, da, wenn die Ehegatten wissen, daß die Ehe nicht leicht wieder gelöst werden kann, die Leidenschaften, welche den Wunsch nach Scheidung erregen, eher unterdrückt, eheliche Zerwürfnisse leichter wieder beseitigt werden und an Stelle der Willkür die Selbstbeherrschung und das Bestreben der Ehegatten treten, sich einander zu fügen“.

Um beurteilen zu können, ob diese Auffassung zutreffend ist, wollen wir versuchen, aus hierher gehörigen Fällen verschiedene Typen herauszugreifen.

a) Ein Ehegatte gibt dem anderen durch sein persönliches schuldhaftes Verhalten einen diesen nach dem Gesetze zur Scheidung berechtigenden Grund; der Klageberechtigte unterläßt jedoch die Klagerhebung. In den allermeisten dieser Fälle hätte der nicht klageberechtigte Teil das Verlangen nach Scheidung; vermutlich hatte er diesen Wunsch schon, bevor er sich seines zur Ehezerrüttung objektiv geeigneten Verhaltens schuldig machte.

Erinnern wir uns hierzu des oben Seite 10 aufgeführten Falles. Dort lebte der eine Ehegatte von dem anderen getrennt und brach mit seinem Verhältnis die Ehe. Der andere aber wollte ihm zum Trotze die alte Ehe nicht geschieden wissen, damit der Ehebrecher nicht unter Umständen sein Verhältnis heiraten könne. In Fällen dieser Art hat der wegen des Ehebruches seines Ehegenossen klageberechtigte Ehegatte in der Regel durch den ihm persönlich anhaftenden, nicht durch Liebenswürdigkeit ersetzten Mangel an Anziehungsfähigkeit, durch lieblose Kälte oder gar durch unentschuldbares, wenn auch noch nicht unter § 1568[8]), also den Fall

[8]) § 1568: „Ein Ehegatte kann auf Scheidung klagen, wenn der andere Ehegatte durch schwere Verletzung der durch die Ehe begründeten Pflichten oder durch ehrloses oder unsittliches Verhalten eine so tiefe Zerrüttung des ehelichen Verhältnisses verschuldet hat, daß dem Ehegatten die Fortsetzung der Ehe nicht zugemutet werden kann. Als schwere Verletzung der Pflichten gilt auch grobe Mißhandlung.“

schuldhafter Ehezerrüttung, fallendes Verhalten den anderen Ehegatten soweit gebracht, daß er die Ehe brach — oder einen sonstigen Scheidungsgrund gab. Damit soll natürlich keineswegs gesagt werden, daß stets an dem Ehebruche des einen Ehegatten sein Ehepartner die moralische Mitschuld trüge dadurch, daß er ihn von sich abgeschreckt hätte. Wenn aber ein Ehegatte lediglich aus Trotz und Übelwollen in einem derartigen Falle keinen Scheidungsantrag stellt, so gibt sich hierin genugsam eine auch schon vor dem Vorliegen einer Verfehlung des anderen bestehende feindliche oder doch unfreundliche Gesinnung, ja Verbissenheit und die Absicht kund, ihm das Leben leid zu machen.

„Motive": „Demjenigen Ehegatten ist das Recht zur Scheidung zu versagen, welcher zur Begründung der Behauptung, daß die Ehe eine zerrüttete sei, auf sein eigenes schuldvolles Verhalten sich berufen wollte."

Wird gemäß der oben unmittelbar hinter 3. erwähnten Auffassung der „Motive" der hier erwähnte Ehebrecher tatsächlich durch die Unmöglichkeit, sich scheiden zu lassen, in seiner Leidenschaft beschwichtigt? Solange nicht das Gesetz dem böswillig verlassenen Ehegatten, gleichwie dem Vater im Hinblick auf das Kind[9]), das Recht gibt, die Herausgabe seines „entlaufenen"[10]) Ehegefährten „von jedem zu verlangen, der ihn dem verlassenen Ehegatten widerrechtlich vorenthält", hier also von dessen Buhlerin, werden „die Leidenschaften", welche in dem Ehebrecher „den Wunsch nach Scheidung erregen", durch die Unmöglichkeit der Scheidung in der Seele des Ehebrechers keinesfalls eher unterdrückt, als dies bei der Möglichkeit einer Scheidung der Fall wäre. Demnach können wir ruhig sagen: Der Ehegatte, der seinem Ehepartner einen der im Gesetze vorgesehenen Ehescheidungsgründe gegeben hat, fühlt sich schwerlich dadurch an ihn gefesselt, daß jener die Erhebung der Scheidungsklage unterläßt. Fest steht auf alle Fälle, daß ein Ehegatte, der so ehewidrig einmal gehandelt hat, sofern er den Wunsch hat, von der Ehe loszukommen[11]), nicht durch die Unmöglichkeit der Scheidung gebessert, sondern vielmehr erst recht verbittert wird — und so ist es nicht nur in diesem Fall. Eine solche Ehe verdient überhaupt diesen Namen nicht mehr, es fehlt ihr aller sittliche Gehalt, zumal die gegenseitige Achtung; sie ist auch nicht mehr geeignet, den oben aufgeführten gesellschaftlichen Zwecken zu entsprechen.

b) Ein Ehegatte macht sich mit vollem Bewußtsein eines Verhaltens schuldig, das den anderen Ehegatten nahezu zur Verzweiflung bringt, ohne daß man jedoch davon sprechen kann, daß irgendeiner der vom Gesetze vorgesehenen Fälle vorläge.

---

[9]) Der Vater hat das Recht, die Herausgabe des Kindes von jedem zu verlangen (auch im Wege der Klage), der es dem Vater widerrechtlich vorenthält.

[10]) Ein Vorschlag zur Güte: Vielleicht könnte sich der Gesetzgeber auch noch entschließen, einem „entlaufenen" Ehegatten gegenüber die Vorschriften über 1. gefangene wilde oder 2. gezähmte Tiere zur Anwendung zu bringen. Die werden herrenlos, wenn sie 1. die Freiheit wiedererlangen, ohne vom Herrn verfolgt zu werden, bzw. 2. wenn sie „die Gewohnheit ablegen, an den ihnen bestimmten Ort zurückzukehren."

[11]) Der sich doch in vielen Fällen, z. B. wenn er seinem Lieb das „Dach" einschlagen will, verrät!

Setzen wir folgenden Fall: Freund Piepmatz hat eine „nervöse“, „feingebildete“, exzentrische und musikverübende „Dame“ zur Frau, der es Lebensinhalt ist, ihrem Manne wegen jeder Kleinigkeit Szenen zu machen. Er seinerseits ist ein wenig Pantoffelheld, gibt aber trotzdem seiner Frau, wenn sie ihn recht gereizt hat, entsprechend derb heraus. Dies scheint der Zweck ihrer Keifereien zu sein; sie hat anscheinend das unabweisbare Bedürfnis, jeden Tag mit ihrem Manne herumzuhändeln. Sie fühlt sich dabei vollständig in ihrem Element, aber dem durch sein Geschäft stark in Anspruch genommenen Piepmatz ist die Ehe zum Ekel. Am liebsten ließe er sich scheiden, aber das Gesetz gibt ihm keine Handhabe.

Was soll man wiederum in diesem Falle mit der erwähnten Auffassung der „Motive“ anfangen? Ist es vielleicht unrecht von unserem Pantoffelhelden, wenn er sich nicht alles von seiner Frau gefallen läßt? Soll er sich widerstandslos in den Willen und jede Laune seiner händelsüchtigen Frau fügen? Also auch in diesem Falle schießt die Auffassung der „Motive“ vorbei. Vielmehr schafft hier die Strenge des Ehegesetzes einen Paragraphenmärtyrer mehr!

c) In der Person des einen Ehegatten tritt ohne dessen Schuld ein Umstand ein oder in die Erscheinung, der dem anderen die Weiterführung der Ehe zur Qual macht.

Ich rechne hierher insbesondere die ohne Verschulden eintretenden Erkrankungen, die eine Unfähigkeit zur Ausübung des Beischlafes oder Zeugungs- bzw. Gebärunfähigkeit herbeiführen. Unerhört ist es insbesondere, einem gesunden Ehegatten anzusinnen, er solle zeitlebens, selbst ohne außerehelichen Geschlechtsverkehr, auf jede Geschlechtsbetätigung verzichten. Will man hier Scheidung nicht zulassen, so muß man mindestens den Ehebruch in einem derart gelagerten Falle straflos lassen[12]).

Es ist doch geradezu eine Vergewaltigung der Natur, wenn sich die „Motive“ zu dieser Frage also auslassen:

„Die vom Preußischen Allgemeinen Landrecht und von verschiedenen auf dem Boden des letzteren stehenden neueren Gesetzgebungen in einseitiger Berücksichtigung der geschlechtlichen Seite der Ehe bald in größerer, bald in geringerer Ausdehnung zugelassene Scheidung wegen unheilbaren, während der Ehe ohne Verschulden entstandenen geschlechtlichen Unvermögens oder unverschuldeter, unheilbarer, körperlicher Krankheiten wird . . . dem Wesen und der sittlichen Natur der Ehe, welche es mit sich bringen, daß die Ehegatten wie Freude und Glück, so auch Leid und Unglück miteinander tragen müssen, nicht gerecht . . . Die Nichtanerkennung dieser Scheidungsgründe schließt indessen nicht aus, daß ein Ehegatte geeignetenfalls . . . die Scheidung zu verlangen berechtigt sein kann, wenn der andere Ehegatte Gebrechen der fraglichen Art schuldvoller Weise durch unsittliches Verhalten sich zugezogen hat.“

Da waren also die Väter fortgeschrittener als die Söhne! Was ist denn die Ehe, wenn nicht eine in den Dienst der geschlechtlichen Betätigung und Fortpflanzung gestellte Einrichtung! Das Geschlechtliche gehört zu ihrem Wesen. Wenn wir die auf Seite 13 angeführte Stelle der „Motive“ auch hier wieder heran-

---

[12]) Schopenhauer will nicht einsehen, „warum ein Mann, dessen Frau an einer chronischen Krankheit leidet, oder unfruchtbar bleibt, . . . nicht eine zweite dazu nehmen sollte“.

ziehen, so finden wir, daß auch durch die Unmöglichkeit einer Scheidung in solchen Fällen der Eingehung leichtsinniger Ehen entgegengetreten werden soll (!); und daß auch bei einer derartigen Erkrankung der Ehefrau oder des Ehemannes „die Leidenschaften, welche den Wunsch nach Scheidung erregen", unterdrückt werden sollen und auch bei Unmöglichkeit der Scheidung sollen eher unterdrückt werden können als bei deren Zulassung! Hier haben die „Motive" in der Tat ein klassisches Mittel gegen den Ehebruch entdeckt, nämlich die Untersagung der Ehescheidung. Woher stammt aber der Ehebruch? [13]) Er könnte stark eingedämmt werden, ließe man unter anderem auch in einem Falle wie dem vorliegenden, der Stimme des gesunden, natürlichen Empfindens folgend, die Scheidung zu. Also auch der Wunsch nach naturgewollter Begattung oder nach Kindern muß dem Moloch „Ehe" geopfert und ein Mönchsleben geführt werden — einem nichtssagenden Phantom und schönen Redensarten von gemeinsamem Ertragen von Freude und Glück, von Leid und Unglück zuliebe! Ich sage: hätte der kranke Ehegatte wahre Liebe, so gäbe er den anderen frei. Dabei vergessen jedoch die „Motive" und mit ihnen unser Gesetz nur eines — und dies möchten wir besonders hervorheben, um nicht dem Vorwurf anheimzufallen, als wollten wir die sittliche Größe der Entsagung in einem derartigen Falle herabziehen und verkleinern, soferne sie freiwillig ist, daß nämlich der gesunde Gatte keineswegs zur Scheidung gezwungen würde, auch wenn sie zugelassen wäre. Findet er dann in sich die sittliche Kraft, um zeitlebens der geschlechtlichen Betätigung aus Liebe zu dem Gatten zu entsagen, so ist das sehr schön und edel und von höchster sittlicher Bedeutung. Wer aber dem nicht entsagen kann oder will, den soll man nicht dazu zwingen. Denn: eine erzwungene Sittlichkeit ist keine Sittlichkeit.

„Die Autonomie des Willens ist das alleinige Prinzip aller moralischen Gesetze und der ihnen gemäßen Pflichten: Alle Heteronomie der Willkür gründet dagegen nicht allein gar keine Verbindlichkeit, sondern ist vielmehr dem Prinzip derselben und der Sittlichkeit des Willens entgegen." — „Der andere Punkt, worauf die Aufmerksamkeit gerichtet werden muß, ist die Frage: ob die Handlung auch (subjektiv) um des moralischen Gesetzes willen geschehen, und also sie nicht allein sittliche Richtigkeit, als Tat, sondern auch sittlichen Wert, als Gesinnung, ihrer Maxime nach habe." (Kant.)

Mit anderen Worten: nur die Tat ist sittlich, die es nicht nur objektiv, sondern auch subjektiv ist. —

Von welchem Wert ist nun eine erzwungene „Ehe" der dargestellten Art für den Staat? —

Es steht in einem derartigen Falle gar nicht anders als bezüglich der Frage der Wiederverheiratung nach dem Ableben des Gatten. Auch hier kann das Gefühl einer über das Grab hinaus sich erstreckenden ehelichen Treue dahin führen, von einer Wiederverheiratung abzusehen. Ich verweise hier beiläufig auf die zum Teil einschneidenden vermögensrechtlichen oder auch im engeren Sinne familienrechtlichen Wirkungen der Wiederverheiratung, beispiels-

[13]) Weininger: „Zugleich mit der Ehe ist der Ehebruch auf die Welt gekommen."

weise auf § 1697 BGB.[14]). Wer wollte aber eine Witwe zwingen, sich, wie in Indien, mit ihrem toten Gemahl zusammen verbrennen zu lassen? Einer Gattin, die vielleicht noch eine junge Frau ist, anzusinnen, mit „Ihm", der seine Fähigkeit zur Erfüllung der „ehelichen Pflicht" ohne Verschulden eingebüßt hat, lebenslänglich zusammenzuleben, heißt aber, sie bei lebendigem Leibe begraben!

Angesichts derart seltsamer Verirrungen verstiegener Sittlichkeitsbegriffe, wie sie in der letztangeführten „Motiven"-Stelle zutage treten, kann man sich des Eindrucks nicht erwehren, daß eine gewisse weltfeindliche und asketische Grundstimmung hier, wie im ganzen Eherechte, welches ja eigentlich heute noch Kirchenrecht ist, zur Geltung kommt. Wir lesen bei Schopenhauer:

„Die Ehe gilt, im eigentlichen Christentum, bloß als ein Kompromiß mit der sündlichen Natur des Menschen, als ein Zugeständnis, ein Erlaubtes für die, welchen die Kraft, das Höchste anzustreben, mangelt, und als ein Ausweg, größerem Verderben vorzubeugen: in diesem Sinne erhält sie die Sanktion der Kirche, damit das Band unauflösbar sei. Aber als die höhere Weihe des Christentums, durch welche man in die Reihe der Auserwählten tritt, wird das Zölibat und die Virginität aufgestellt; durch diese allein erlangt man die Siegerkrone, welche sogar noch heutzutage durch den Kranz auf dem Sarge der Unverehelichten angedeutet wird, wie eben auch durch den, welchen die Braut am Tage der Verehelichung ablegt."

Man denke hier auch an die Hochschätzung einer Ehe ohne Geschlechtsverkehr („Josefsehe").

In allen diesen sowie weiteren ähnlich gelagerten Fällen kann man wohl sagen: Wer unter dem geltenden Gesetze — das ihm einen Scheidungsgrund nicht gibt — den Wunsch, sich zu trennen, zu überwinden vermag, der würde auch keine Scheidungsklage erheben, wenn Scheidung zulässig wäre. Denn er hat noch die Herrschaft über seine Leidenschaft und ist noch verträglich. Wer hingegen durchaus vom Ehegenossen loskommen will, weil er über seine Leidenschaft oder seinen Widerwillen nicht mehr Herr zu werden vermag, der trennt sich unter dem geltenden Rechte, wie der Ehemann in dem Seite 10 erwähnten Falle, kurzerhand von ihm oder begeht Ehebruch. Die Unmöglichkeit, nicht rechtmäßig geschieden zu werden, wirkt dann sogar noch verbitternd auf ihn. Auf Seite 6 erwähnte ich die den Ausschluß von Zwangsmaßregeln zur Herstellung des ehelichen Lebens begründende „Motive"-Stelle, wo es heißt, die Erfahrung lehre, daß dort Zwangsmaßregeln ohne praktischen Erfolg seien und nur dazu beitrügen, die Erbitterung unter den Ehegatten zu vermehren. Ich sehe nicht ein, inwiefern in Fällen der hier erwähnten Art die Anwendung von Zwang segensreicher sein soll als dort! Was sind denn das für Ehen, in denen Ehegatten gezwungen zusammenleben! Man schaue sich im Leben um: es sind Zerrbilder von Ehen, deren Vorhandensein „das Ansehen und die Würde der Ehe" erschüttert. Wozu und inwie-

[14]) Die verwitwete eheliche Mutter verliert durch Wiederverheiratung die elterliche Gewalt über ihr Kind bis auf die Personensorge (ohne Vertretung). Übrigens eine unglaubliche Bestimmung.

fern sie das Gesetz des XX. Jahrhunderts wohl aufrechterhalten wissen mag? Der mittelalterliche Geist der Gewissensknebelung, der Unfreiheit und der Askese will es so.

4.

Wir kommen zu einem weiteren Argument der „Motive", also des Gesetzgebers, zugunsten der Erschwerung der Eheschließung:

„Dazu kommt, daß auf der Festigkeit der Ehe im Gegensatze zum Konkubinate die höhere sittliche Stellung des weiblichen Geschlechtes beruht" [15]).

a)

Dies sagen die „Motive" auf Seite 563.

Sieben Seiten weiter, nämlich auf Seite 570, lese ich aber:

„Die Bestimmung des sächsischen Gesetzbuches . . ., daß die Ehefrau die Scheidung verlangen kann, wenn auf Grund ärztlicher Untersuchung sich ergibt, daß wegen eines unheilbaren Gebrechens, an welchem sie leidet, aus der Fortsetzung des Beischlafes für sie eine Lebensgefahr entstehen würde . . ., verdient keine Billigung. Die bloße **Möglichkeit**, daß der Ehemann unter Verkennung seiner ehelichen Pflichten Zumutungen an die Ehefrau stellen könnte, welche das Leben der Ehefrau zu gefährden geeignet sind, vermag vom rechtlichen Standpunkte aus der Ehefrau kein Recht zu geben, das durch die Ehe begründete Rechtsverhältnis **wider den Willen des Ehemannes einseitig zu lösen** [16]). Nur dann, wenn der letztere unter Verletzung seiner ehelichen Pflichten etwa den Versuch machen sollte, die mit Gebrechen behaftete Ehefrau zum Beischlaf zu nötigen, würde aus dem Gesichtspunkte der Verschuldung des Ehemannes das Recht der Ehefrau, die Scheidung zu verlangen, hergeleitet werden können."

Dieser Auffassung und Auslassung kann ich keine andere Bezeichnung als „haarsträubend" geben. Und zwar aus folgenden Gründen:

Zunächst erinnere ich an dasjenige, was ich unter VI. 2. a) hinsichtlich der geschlechtlichen Ansteckung eines Ehegatten durch seinen ehebrecherischen Lebensgefährten, der sich beim Ehebruch infiziert hat, gesagt habe. Wie sich dort das Gesetz einer drohenden Ansteckung des ehetreuen Gatten gegenüber vollständig indolent verhielt, so tut es dies im gegenwärtigen Falle hinsichtlich der Möglichkeit einer Lebensgefährdung der schwerkranken Ehefrau durch Beischlafsvollziehung von seiten eines in seinem Geschlechtsdurst ungezügelten Ehegatten.

Dabei übersieht der Gesetzgeber hier wiederum, daß durch die Gewährung einer Scheidungsmöglichkeit in einem solchen Falle nichts weiter erreicht würde, als daß allein diejenige in der fraglichen Lage befindliche Ehefrau Scheidungsklage anstrengen würde,

[15]) Dies Argument wird auch von anderen geltend gemacht, die unter der Devise „Was Gott zusammengefügt hat, das soll der Mensch nicht trennen" einer fortschrittlichen Erleichterung der Ehescheidung entgegenarbeiten, so von Friedrich Naumann, der einst schrieb: „Daß es Notfälle gibt, in denen Scheidung nötig, bestreitet niemand von uns, aber die Ehe selbst muß Lebensbund bleiben, so muß sie gedacht, geachtet, gepflegt werden. Das ist insbesondere um der Frau willen nötig . . . Die Frau aber als Frau wird Sklavin, wenn sie nicht imstande ist, einen lebenslänglichen Vertrag zu schließen." Wir werden das Gegenteil dartun. —

[16]) Und mit seinem Willen doch auch nicht!

die nach ihrer Kenntnis von der ganzen Veranlagung des Ehemannes Grund zu der Annahme hätte, er werde sie trotz ihres kranken Zustandes nicht in Ruhe lassen. Ohne Not wird gerade eine Kranke dies nicht tun, die doch froh ist, wenn sie nicht allein in der Welt dasteht.

Die formalistische Begründung der Stellungnahme des Gesetzgebers ist wiederum besonders bezeichnend. Nur wenn das Verschuldungsprinzip verletzt wäre, läge ein Scheidungsgrund vor. Dann ist es unter Umständen zu spät und die Frau schon tot. Aber „vom rechtlichen Standpunkte aus" kann eben die Ehefrau kein Recht haben, „das durch die Ehe begründete Rechtsverhältnis wider den Willen des Ehemannes einseitig zu lösen". Man bedenke: Es ist doch ein Vertrag geschlossen, ein „pactum", wie der Römer sagte, und dieser Vertrag gibt doch dem Ehemanne Rechte! Um Gottes willen: pacta sunt servanda! Eher soll die Frau zugrunde gehen, als daß das Gesetz von sich aus die Hand dazu bietet, einen zweiseitigen Vertrag durch einseitigen Willen aufzulösen. Das wäre ja Willkür, Anarchie. Mag auch das Weib zugrunde geh'n, wenn nur der Paragraph bleibt steh'n!

In Wirklichkeit will der Gesetzgeber die Frau hier so wenig vor Gewalt schützen, wie nach dem noch Auszuführenden allgemein. Hätte er diese Absicht, so würde er durch keine Konstruktion gehindert und ließe sich nicht hindern. Der Gesetzgeber ist doch der souveräne Herr des Gesetzes samt seiner Begriffe. — Daß man einer Frau in einem solchen Falle weder die Scheidung, noch das Getrenntleben gestattet, ist fürwahr eine Blüte gesetzgeberischer Weisheit. Ich hoffe, die Frau ist klug und gesund genug, um ihren Mann — unter Vertragsbruch (Huhu!) — zu verlassen, solange es noch Zeit ist. Gegen derartige Gesetze hilft allein eine angemessene und entschlossene Selbsthilfe. Warum gibt man ihr das Recht auf diese hier nicht ebensogut, wie in ähnlich gelagerten Fällen? Das ist unerforschlich und geringem Verstand unzugänglich. Die Vorschrift, daß ein Ehegatte nicht verpflichtet ist, dem Verlangen des anderen Ehegatten nach Herstellung der ehelichen Lebensgemeinschaft Folge zu leisten, wenn es sich als Mißbrauch seines Rechtes darstellt, reicht nicht aus, die Entfernung der Frau aus der ehelichen Wohnung zu rechtfertigen, bis das Unglück geschehen ist. Dann ist es zu spät.

b)

Die „hohe sittliche Stellung des weiblichen Geschlechtes in der Ehe" schließt nicht aus, daß — so unglaublich es klingt — die Ehefrau von ihrem Ehemanne straflos vergewaltigt werden darf!

Unsere Sittlichkeitsgesetzgebung bestraft nur den Zwang zum außerehelichen Beischlaf und zur Unzucht, soweit es sich um erwachsene Frauen handelt. Der eheliche Beischlaf ist aber keine unzüchtige Handlung im Sinne des Gesetzes. Es geht auch nicht an, die Vergewaltigung der Ehefrau durch den Ehemann als Nötigung zu bestrafen. Er hat auch die Entscheidung in allen das gemeinschaftliche eheliche Leben betreffenden Angelegenheiten. Hierher gehören auch Fragen des gemeinsamen Geschlechtslebens. Daher wird dem Manne das Bewußtsein der Rechtswidrigkeit seiner Handlung fehlen. Zudem sagt der Strafrechtler Schwartz, nur die Erzwingung des ehelichen Beischlafes trotz hinreichender Weigerungsgründe sei als Nötigung strafbar.

Endlich will der „Vorentwurf" zu einem neuen Strafgesetzbuch die Nötigung nur dann bestrafen, wenn sie „in rechtswidriger Absicht" begangen wird, der „Gegenentwurf" gar nur, wenn sie, „in der Absicht, einen dem Recht zuwiderlaufenden Erfolg" herbeizuführen, begangen wird. Das Gesetz überläßt demnach die Frau der Brutalität des Mannes als willenlose Beute. Hat die Frau keinen Grund, den Beischlaf zu verweigern, dann darf sie der Mann vergewaltigen. Die niedrigste Dirne darf nicht straflos vergewaltigt werden. Die Stellung der Frau ist dagegen die einer recht- und ehrlosen Leibeigenen, es gibt kein anderes Wort. Das ist eine Kulturschande!

Josef Kohler sagt in seiner „Rechtsphilosophie", scheußlich sei „die Anschauung Kants, welcher die Ehe als eine Miete der Geschlechtsteile ansieht". Nun, das entspricht doch der Auffassung unseres „Rechts" im fraglichen Punkte: Der Mieter als Besitzer der gemieteten Sache darf diesen Besitz auch gegen den Vermieter mit Gewalt behaupten! Hier wirft das Mittelalter einen breiten Schatten in unser Gesetz.

c)

Wie erwähnt, behauptet der Gesetzgeber, in der Ehe habe das Weib eine „höhere sittliche Stellung" als im Konkubinate. Wenn wir die Lage des Weibes in beiden Arten von Liebesbündnissen miteinander vergleichen, hoffen wir zum Verständnisse dessen zu gelangen, was hier unter „sittlicher Stellung" überhaupt verstanden wird. Es ist festzustellen, daß ein in der Ehe lebendes Weib sich im Urteile der Volksgenossen größeren Ansehens und größerer Ehre erfreut als die Konkubine, das „Liebchen", das „Verhältnis", die „Geliebte", die „Mätresse", die „Haushälterin". Der Ursprung dieses unterschiedlichen Werturteils ist unschwer zu ergründen; es geht darauf zurück, daß die Ehefrau in dem staatlich — und kirchlich! — sanktionierten Liebesbunde der Ehe lebt. Sie hat sich der von der Obrigkeit gesetzten Ordnung gefügt; daß sich die Konkubine ebenfalls gern ins Ehejoch hätte einspannen lassen, wenn es ihr die Umstände, insbesondere der Wille und das wirtschaftliche Vermögen ihres Freundes ermöglicht hätten, bleibt außer acht. Vor allem hat die Konkubine den gestrengen, ja unmenschlichen Sittenkodex ihrer Zeitgenossen, wonach jeder außereheliche Geschlechtsverkehr unzulässig ist, übertreten und sich nicht als sittliches, d. h. dressiertes, sondern als natürliches und ursprüngliches Wesen enthüllt, wie das liebe Gretchen im „Faust". Ihre Verfehlung beruht überwiegend auch darin, daß sie es gewagt hat, Farbe zu bekennen und das zu scheinen, was sie ist. Dies verträgt die Welt nicht. Sie verlangt theoretisch Beobachtung ihres übernatürlichen, also unnatürlichen „Moral"-Gesetzes, praktisch mindestens die Wahrung des guten Scheines. Die „Sünde", das heißt: die Natur, darf nur im Verborgenen schleichen, soweit sie nicht staatlich abgestempelt ist; hie Ehe, hie Prostitution!

Soviel zur Kritik eines „überirdischen“ Machtanspruchs, der sich noch in unserem deutschen Reichsstrafgesetzbuch breit macht und darin kurz und kühn jeden außerehelichen Geschlechtsverkehr als „Unzucht“ und die „Sünderin“, also jetzt eine wahlberechtigte Staatsbürgerin, als „Weibsperson“ beschimpft. Wenig Galanterie gegen das „notwendige Übel“! Zur „Sünde“ sagen halt alle: „Blamier mich nicht, mein schönes Kind, und grüß mich nicht unter den Linden! Wenn wir nur erst zu Hause sind, wird sich schon alles finden!“

Das entspricht jenem „aristokratischen“ Couleurstudentengeist, der die Begrüßung nur von Damen bevorzugter Gesellschaftsschichten, der sogenannten „besseren“ Kreise, auf der Straße gestattet, wenn man in Couleur ist. Welch gemeiner, unsozialer Lügengeist!

Unterdrückt ist eben das Weib heute noch, in und außer der Ehe, wie es Zauberstab in seiner „Zukunft der Liebe“ (E. Piersons Verlag, Dresden) also aussprach: „Der Mann maßt sich an, dem Weib das Maß seines Glückes zuzuteilen. Er selbst ist frei, darf zügellos den Launen seines Körpers folgen. Ein Held dünkt er sich und der von männlicher Wertung triefenden Welt, wenn er ein Eroberer ist. Das Mittel oder Werkzeug aber, das ihm zum Heldentum verhilft, ist auch gleichzeitig geschändet in seinen Augen. Sich schändet er nicht, wenn er in Schande bringt. Aus Herzensneigung mag ihm freigiebig ein Weib seine Seele schenken und ihm mag's nur Zeitvertreib sein: dennoch ist's für ihn Ehre, für die Frau Unehre“. Daß der Mann mehr Charakter hat, der sich zu seiner Konkubine bekennt, welche er liebt, als der „die Schlupfwinkel des Lasters“ aufsucht, wo das Weib trotz XX. Jahrhunderts noch ganz zur — beweglichen — Sache (donna e mobile) herabgewürdigt ist, bleibt bei dem Verdammungsurteil über „Ihn“ und über „Sie“ — besonders über die schwächere „Sie“! — gänzlich unberücksichtigt; auch daß das Konkubinat doch mindestens etwas der Ehe Analoges darstellt, indem beide ihrem Wesen nach der ungeregelten und verderblichen Promiskuität entgegengesetzt sind. —

Unter „sittlicher Stellung“ könnte nun dreierlei verstanden werden:

α) eine der guten Sitte, d. h. der Anschauung der Volksgenossen von dem, was (auf sittlichem Gebiete) recht, schicklich und gut ist, objektiv entsprechende äußere Stellung;

β) das dieser Stellung entsprechende Werturteil der Gesamtheit;

γ) die moralische Position und Gehobenheit des Weibes innerhalb seines Liebesbundes selbst, welche die Folge und der Widerschein jenes allgemeinen Werturteils sind; sie äußern sich beim Weibe durch das Gefühl eigener Ehre sowie inneren Wertes und Würde, beim Manne durch ein die Anerkennung jener sittlichen Güter anzeigendes äußerlich[17]) achtungsvolles Verhalten gegen das Weib.

[17]) Wie unser Leib in die Gewänder, so ist nach Schopenhauer unser Geist in Lügen eingehüllt!

Ich behaupte nun, daß im Verhältnisse der Mitglieder eines Liebesbundes — um welches Innenverhältnis es sich hier vorwiegend handeln dürfte — in erster Linie nicht die Rücksicht auf die öffentliche Meinung, sondern das Gefühl der Liebe, d. h. der gemütlich betonten gegenseitigen geschlechtlichen Anziehung, den Ausschlag gibt. Die alleinige sittliche Achtung kann erst, wenn die Liebe dahingeschwunden ist, an ihre Stelle treten, alsdann wird auch die Achtung nicht mehr viel vermögen. Was ist es denn im Grunde so Hohes, wenn eine Frau die gesetzlichen Formalitäten der Eheschließung erfüllt und dadurch bekundet hat, daß sie lebendige Gefühle versteinern oder einbalsamieren will, obwohl doch gerade von der Liebe gilt: „Begeisterung ist keine Heringsware, die man einpökelt auf viele Jahre!"

Der „Freund", welcher sein „Gschpusi" lieb hat, hat vor ihm ebenso große Achtung wie der Ehemann vor seiner Ehefrau, wofern beide Frauen nur persönlich achtungswerte geistige Eigenschaften besitzen. Der Mann, welcher gegen sein „Verhältnis" brutal ist, ist es erst recht gegen seine Frau. Und sollte der Gesetzgeber durch jene Stelle behaupten wollen: „Das Weib in der Ehe ist dem Manne gegenüber weniger Sklavin als die Konkubine, denn es hat sein Recht, mit ihm zusammenzuleben, während der Konkubine jederzeit ‚gekündigt werden kann',“ so erwidere ich hierauf: Die Frau vor der Willkür des Mannes schützen zu wollen, hat seinen Grund darin, daß die Frau ihm gegenüber die Schwächere ist. Glaubt man nun etwa, ihr ihm gegenüber eine „Position" gegeben zu haben, indem man die „Kündigung der Ehe" von seiner Seite ausschließt? Fehlgeschossen! Er ist und bleibt auch in der Ehe der stärkere Teil, insbesondere was Nerven angeht. Gerade durch die Erschwerung der Ehescheidung macht man sie recht zu seiner Sklavin.

Was hat eine Ehefrau von der Erschwerung der Ehescheidung? Wenn dem Manne seine Frau nicht mehr behagt, kann man ihn wohl bis zu einem gewissen Grade zwingen, mit ihr zusammenzuleben, indessen ist zwar unser „Körper", d. h. unser äußeres Tun und Lassen, vermöge der vernunftgemäßen Selbstbeherrschung diszipliniert, noch nicht aber die Seele. Man kann nämlich noch nicht auf Kommando lieben! Vielleicht, daß auch noch diesen Kulturfortschritt das seinem Anfange nach so vielversprechende XX. Jahrhundert erreichen wird, so daß schließlich lauter staatlich approbierte, sittlich gereinigte, seelenlose Selbstbewegungsvorrichtungen (auf deutsch „Automaten") einherpendeln. Sollte dann ein in „altmodischen Anschauungen" befangener, „rückständiger" Mann die selbstgewählte Lebensgefährtin nicht mehr lieben, dann wird nach dem Rezepte jenes altjapanischen (Natürlich! So was kommt doch in Deutschland nicht vor!) Königs ein Knotenstock auf seinen Rücken herniedersausen und eine Gottesgnadenstimme ertönen: „Lieben sollst du sie, nicht hassen!" Einen solchen Knotenstock schwingt schon heute unser den von Nietzsche gepriesenen „militärischen und aristokratischen Geist" in das Eherecht verpflanzendes Gesetz in Gestalt seines durch die Erschwerung der Ehescheidung ausgeübten Zwanges zur Liebe. Es kann sich dabei auf

Nietzsches Wort berufen: „.... als ob Sklaverei ein Gegenargument und nicht vielmehr eine Bedingung jeder höheren Kultur, jeder Erhöhung der Kultur sei.“ Wir ziehen es vor, Josef Kohler das Wort zu erteilen, der sagt:

„So hoch die ideale Bedeutung der Ehe ist, so groß sind die Anforderungen, welche sie an die Ehegatten selbst, und so groß sind die Gefahren, welchen sie ausgesetzt ist infolge der Verschiedenheit der menschlichen Natur und infolge der Unmöglichkeit, gewisse Eigenschaften abzulegen und sich einander völlig anzupassen. In solchem Falle kann die Ehe nicht etwa bloß zur Qual oder Marter, sondern zum Hemmnis der seelischen Entwickelung werden, und große Talente, bedeutend angelegte Gemüter können auf diese Weise niedergedrückt werden und verkümmern. Das ist eine furchtbare Gefahr . . . Daß die Ehe in einem solchen Falle aufgelöst werden kann, ist ein dringendes Kulturbedürfnis.“

Ein Mann, der mit einer Frau zusammenleben muß, die er nicht liebt, bereitet ihr, absichtlich oder ungewollt, — Frauen haben für Liebe einen feinen Instinkt —, ein gänzlich freudenloses Leben und kann ihr kein anderes bereiten. Ob sich solch Eheweib im Gedanken an seine „höhere sittliche Stellung“ wohl glücklicher fühlen mag als eine geliebte „Geliebte“? Ich behaupte: Es ist in Wirklichkeit gerade umgekehrt, als der Gesetzgeber es wahrhaben will. Der Mann, der einen Rechtsanspruch auf die Treue seines Weibes erworben hat, braucht sich nicht mehr um seine Liebe zu bekümmern. Daher kann er ihr leicht weniger zu Gefallen leben als einer, dessen Konkubine sich jeden Tag von ihm lossagen kann. Im letzteren Falle wird der Mann, wenn er auch nur ein Fünkchen Liebe hat, sich immer wieder bemühen, die Frau an sich zu fesseln — sei es durch ein glänzendes Armband oder durch bestrickende Liebenswürdigkeit —, damit sie ihm kein anderer entreißen kann. Oder wäre dann das ihre „höhere Stellung“ in der Ehe, daß das Recht des Mannes auf ihre Liebe sie mehr von solcher Untreue gegen ihn — und sich — abhielte, als im Konkubinate; sowie die Anerkennung der Gesellschaft für solche im Gelöbnis ewiger Lieb' und Treue für ihren Alleinherrscher[18]) sich aussprechende opferwillige Entsagung? Sich von Einem lebenslang in den Käfig sperren zu lassen, von Einem, der ihr vielleicht weder Luft noch Liebeslicht gewährt, das wäre alsdann ihre höhere Ehre gegenüber der „Buhlerin“? Eine Ehre, vom herrschsüchtigem Egoismus des sich ihr gegenüber als „Aristokrat“ bedünkenden Mannes vergewaltigt zu werden! Wohl, Max Nordau hat recht: „Da der Mann der Stärkere ist, so hat er in der Tat Gesetz, Sitte, Anschauungsweise und Empfindung zu seinem eigenen Vorteile und zum Nachteile des Weibes gebildet.“

Um zur Haltung des Ehemannes gegenüber der ihm unauflöslich verbundenen Ehefrau und ihrer ihm kraft eines Rechtssatzes zustehenden Liebe und Treue zurückzukommen: Schätzen wir Menschen denn das, was wir fest und unentreißbar besitzen? Sind wir uns des Wertes unserer Gesundheit, unseres Vermögens be-

[18]) Denn, das wollen wir nicht vergessen, das Gesetz sagt: „Dem Manne steht die Entscheidung in allen das gemeinschaftliche eheliche Leben betreffenden Angelegenheiten zu.“ Sonach ist die Stellung der Frau in der Ehe völlig die einer Leibeigenen! Die Ehe ist die Autokratie des Mannes. Das Konkubinat?

wußt, solange uns nicht ihr Verlust droht? „Meistens belehrt erst der Verlust uns über den Wert der Dinge“ (Schopenhauer). So ist es auch mit der Liebe eines Weibes. Als sicherer, gesetzlich gewährleisteter Besitz wird sie nicht so hoch geschätzt wie eine Neigung, die jeden Tag verlorengehen kann. Wir Menschen sind ja alle „novarum rerum cupidi“. Damit will ich keineswegs die Ehe verdammen, sondern nur begründen, warum ich glaube, daß im Konkubinate die sittliche Stellung des Weibes nicht notwendig niedriger ist als in der Ehe — wenigstens was das persönliche Verhältnis zum Manne angeht. Dies aber ist für das Glück des Weibes ausschlaggebend. Vor allem ist und bleibt unerfindlich, inwiefern die sittliche Stellung des Weibes durch eine Erschwerung der Ehescheidung erhöht werden sollte. Setzen wir einmal den Fall, daß es überhaupt keine Ehescheidung gäbe: wäre dann die sittliche Stellung des Weibes noch höher als heute? Und warum nicht? Weil auf das Weib dann in gewissen Fällen — z. B. angesichts eines vom Manne begangenen Ehebruchs — ein Gewissenszwang ausgeübt würde, mit einem Manne zusammenzuleben, der ihm das Eheleben vergiftet hat. Wenn dies in den extremsten Fällen — auch im Interesse des Weibes! — vom Gesetzgeber selbst zugestanden werden muß, wovon sind von jenen der Art (und nicht nur dem Grade) nach verschieden die Fälle, in denen andere Umstände als gerade ein ganz gröbliches schuldhaftes Verhalten des Mannes dem Weibe das Zusammenleben unerträglich macht?[19]) Wenn sich z. B. der Mann als ein schwerer Neurastheniker herausstellt, der ohne sein Verschulden durch seine ewigen Grillen und Eifersuchtsvorstellungen das Weib halb zu Tode foltert, ohne daß der Fall unter das Gesetz fiele? Kaltherzig und für die Bedürfnisse des Lebens verständnislos antwortet der Gesetzgeber: „Die Scheidung wegen zufälliger Umstände, namentlich wegen körperlicher Gebrechen und wegen Geisteskrankheit . . . . ist ausgeschlossen.“ Bezüglich der Geisteskrankheit hat, abweichend vom ersten Entwurfe, das Bürgerliche Gesetzbuch eine dürftige und äußerst engbegrenzte Ausnahme gemacht: „Ein Ehegatte kann auf Scheidung klagen, wenn der andere Ehegatte in Geisteskrankheit verfallen ist, die Krankheit während der Ehe mindestens drei Jahre gedauert und einen solchen Grad erreicht hat, daß die geistige Gemeinschaft zwischen den Ehegatten aufgehoben, auch jede Aussicht auf Wiederherstellung dieser Gemeinschaft ausgeschlossen ist.“ Diese Vorschriften legte ein Gericht dahin aus: „nur der geistige Tod, die völlige Geistesumnachtung bzw. Verblödung, also ein Zustand, in welchem der Kranke die Scheidung nicht mehr empfinde und nur mehr von einer animalischen Fortexistenz gesprochen werden könne“, sei als Scheidungsgrund anzusehen. In jüngster Zeit ist zwar die Rechtsprechung einigermaßen weitherziger, aber die Vorschrift selbst ist durchaus rückständig und unzulänglich. Denn ist es etwa nötig, daß in einem

[19]) Das „Verschuldensprinzip“, d. h. der bis auf den Fall der Scheidung wegen Geisteskrankheit vom Gesetz angenommene „Grundsatz, daß ein Ehegatte nur wegen schweren Verschuldens des anderen Ehegatten die Scheidung zu verlangen berechtigt sein soll“, ist den Bedürfnissen des wirklichen Lebens gegenüber gänzlich unzulänglich.

Falle wie dem des halbverrückten Neurasthenikers ein geistig gesundes Weib den Verstand in der Ehe verliert? Nach geltendem Rechte ja. Ist nun eine solche **Ehefrau** besser oder schlechter gestellt, als die Konkubine? Jene ist ja die Sklavin, das rechtlose „Haustier" (Nietzsche) ihres Haustyrannen, der ihr vielleicht eine Versorgungsehe bot und sie sich dadurch „kaufte". Ist da die „Mätresse", die „Herrin", nicht viel freier, ja „sittlich gehobener", die ihrem gestrengen „Herrn" den Laufpaß geben kann, wann sie will?

VII.

Wir haben auseinanderzusetzen versucht, daß das heutige Ehe- und Scheidungsrecht veraltet ist und den Bedürfnissen des heutigen Lebens nicht gerecht wird. Die Gesetzgeber mögen etwa gedacht haben: Bisher war alles schön und gut, unsere Mamas sind doch sehr brave Frauen gewesen und haben mit unseren Herren Papas gut zusammengelebt. Darum soll auch das gute Alte so stehen bleiben, wie es ist. Was brauchen wir Neuerungen im Recht? Es weiß niemand, wie sie wirken; die guten Wirkungen des alten Rechtes aber haben wir vor Augen gehabt.

So dachten und sagten die, welche nur normale und glückliche Ehen gesehen hatten, und entbehrten ebensosehr der Phantasie und der Teilnahme, welche dazu nötig sind, sich in fremde Verhältnisse und Seelen hineinzudenken, wie dieses Vermögen leider Gottes auch heute vielen Richtern abgeht.

Es ist aber nötig, daß diejenigen, welche die bestehenden Schäden und Mängel erkennen, ihre Stimme dagegen erheben. Denn wollten sie feige schweigen, so würde nie etwas in der Welt gebessert. Es ist sittliche Pflicht jedes Menschen, das von ihm für recht Erkannte rücksichtslos und rückhaltlos zu vertreten. Die Revolution soll nicht allein Verfassungsänderungen bringen, sie muß auf allen Gebieten mit überlebten Einrichtungen aufräumen, damit die so lange geknechtete Menschheit freier und glücklicher werde.

„Jeder ist ein geborener Kämpfer ums Recht im Interesse der Gesellschaft" (Ihering).

Druck: Otto Wigand'sche Buchdruckerei G. m. b. H., Leipzig.

FSC
www.fsc.org
MIX
Papier | Fördert gute Waldnutzung
FSC® C083411

Kolibri 360 GmbH
Ferdinand-Jühlke-Straße 7
99095 Erfurt, Deutschland
produktsicherheit@kolibri360.de